Barbara Spachtholz

Die Brücke zum Selbst ist der Weg in die Freiheit

mvg verlag

CIP-Titelaufnahme der Deutschen Bibliothek

Spachtholz, Barbara:
Die Brücke zum Selbst ist der Weg in die Freiheit / Barbara
Spachtholz. – München : mvg-Verl., 1990
(mvg-Paperbacks ; Bd. 414)
ISBN 3-478-08414-8
NE: GT

Mein spezieller Dank gilt Frau Elisabeth Hoffmann, die mir bei der Gestaltung dieses Buches sehr geholfen hat.

Mit Zeichnungen von Ina Erwien.

Umschlaggestaltung: Gruber & König, Augsburg
Satz: SatzStudio Pfeifer, Gräfelfing
Druck- und Bindearbeiten: Presse-Druck Augsburg
Printed in Germany 080 414/290802
ISBN 3–478–08414–8

Inhalt

Vorwort

Meditationspraxis
ist
Die Brücke zum Selbst
ist
Der Weg in die
Freiheit

Das Leben ist schön, verheißungsvoll, unendlich und unerschöpflich, es gibt genug für jeden. Das Ja hat einen Namen: „Meditation“.

Es gibt viele Arten und Methoden der Suche nach dem Glück, nach Frieden, nach Liebe und erfülltem Dasein – und ebensoviele Namen für dieselbe Sache. Der Weg und die Brücke zu uns selbst ist und bleibt aber für jeden Menschen der Weg nach innen, und der heißt: „Meditation“.

Sie bringt uns in direkte Verbindung mit den allesdurchströmenden positiven Kräften der Natur und befähigt uns so, aus der Quelle allen Lebens zu schöpfen. Wir spüren, wie sich unsere innere Heilkraft entfaltet und Gesundheit, Lebenskraft und Freude am Dasein einziehen.

So werden wir von innen heraus neu, lebendig, gesund, wissend und reif. Wir verwirklichen uns zu dem, was wir sein wollen. Eine Einheit, „Eins mit sich selbst“ und dem Ewigen. Ein vollkommenes Geschöpf, durch Harmonie in Körper, Geist und Seele.

Einführung

Sehnsucht nach mehr Glück und Gesundheit.

Friede, Geborgenheit, Liebe, Zufriedensein im Berufsleben und im Alltag? – Wer von uns sehnt sich nicht danach?

Angst – vor dem Leben, vor der Zukunft, vor Krieg, Krankheit und Schmerzen – so sind wir heute gezeichnet. Auf der einen Seite Aggression, auf der anderen Seite Depression. Hektische Betriebsamkeit und Leistungsdruck. Wir werden abhängig – in vielen Bereichen. Wer möchte nicht daraus entfliehen, nicht selbstbewußt und frei sein?

Wir sind dabei, unsere Einheit, d. h. unsere Mitte zu verlieren. Mehr und mehr wird unser Verhalten von außen bestimmt, und wir werden so zu einer Summe sozialer und biologischer Funktionen.

Wir essen, trinken, schlafen, reden, hören, konsumieren – und alles mit „viel Vergnügen". Nervös, gereizt, ausgelaugt, abgespannt, vielleicht auch noch gequält von düsteren Gedanken, suchen wir dann rasch wieder nach aufbauenden Hilfen.

Einige versuchen es mit Tabletten, andere mit der Verbesserung ihrer Konstitution. Der Körper wird trainiert, um leistungsfähiger zu sein, er bekommt gesündere Nahrung, damit der Organismus gut funktioniert.

Aber was tun wir für die Gesundheit unserer Seele?

Es gibt einen Weg zu gesunden: Den Weg nach Innen – der Weg zu unserem eigentlichen und wahren Wesen, zu dem, was wir sein sollen.

Eine Einheit, durch Harmonie in uns, mit der Natur und mit unserem Nächsten.

Innere Erfüllung finden, Liebe erleben, im Geben wie auch im Nehmen.

Sinnvoll leben mit innerer Kraft und Dynamik.

Das alles erfahren wir, Schritt für Schritt, auf unserem inneren Weg.

Wir erleben, wie Harmonie, Glück und Gesundheit zunehmend unser Leben bestimmen, wie Zufriedenheit in Ehe und Partnerschaft einziehen und wie wir konzentrierter und erfolgreicher arbeiten können. Wir spüren, wie wir durch das sich erweiternde Bewußtsein mit den positiven Kräften der Natur verbunden werden und wie sich die inneren Heilkräfte entfalten.

Freude am Dasein, Gesundheit und Vitalität können sich so in uns ausbreiten.

Die Meditationstechniken östlicher Kulturen und Religionen wollen helfen, die verlorene Mitte des Menschen wiederzufinden und unsere erstarrte Seele zu beleben. Selbst aber sind sie ziemlich leblos, zu starr und schematisch, und üben schon fast wieder Zwang auf uns aus.

Die Techniken der Meditation können uns helfen, den Ablauf der Übungen zu ordnen. Mehr aber nicht. Wer nach Jahren diese Techniken immer noch benötigt, macht etwas falsch. Wer aber mit ihrer Hilfe gelernt hat, eins zu werden mit sich selbst, seinem wahren Wesen und den Mitmenschen, der braucht sie nicht mehr. Er kann sich überall, ohne formale Technik, leicht und mühelos in seine innere Tiefe versenken und wird aus dieser Tiefe heraus leben.

Schließlich wird das dann so selbstverständlich, daß auf die Frage: „Meditierst du“, wahrscheinlich ein erstauntes „Nein“ folgen würde.

Die anfänglichen Meditationstechniken und Hilfen sind verschwunden.

In Sekunden, überall und in jeder Körperhaltung ist das erreichbar, was für den Anfänger, oft nur unter mühsam geschaffenen äußeren Bedingungen, meist nur schwach spürbar ist.

Die Gegenwart des Einen in uns und die Erfahrung, daß das Ich, das ich bin, eigentlich unendliches Bewußtsein ist.

Wer diese Erfahrung machen darf, wird ein anderer Mensch. Er wird frei von den Bindungen an den Alltag, frei vom menschlich denkenden Ich. Er wird lebendig, gesund, wissend und reif. Er verwirklicht sich zu dem, was er sein soll: Ein vollkommenes Geschöpf, eins mit dem Ewigen. Dieses innere Erleben wünsche ich allen Menschen.

Lernen wir zu meditieren – mit Geduld und Ausdauer.

Ihre
Barbara Spachtholz

Krankheit – was ist das?

Diese Frage wird Dr. W. Hallermann, der mich als Arzt bei meinen Seminaren: „Wege zur Harmonie“ – ergänzend unterstützt, fast immer gestellt.

Er versteht es, auf seine eigene, ganz wunderbare erklärende Art und Weise, allen klar zu machen, was er unter „Krankheit“ versteht. Krankheit, so sagt er, macht uns auf eine geistige Fehlhaltung aufmerksam und zeigt uns, daß eine Korrektur im Bewußtsein erforderlich ist. Krankheit ist daher unser Freund und Helfer, der uns schmerzhaft zu Bewußtsein bringt, daß etwas nicht in Ordnung ist.

Durch die Sprache der Organe zeigt dieser Freund genau, wo es fehlt und was dagegen zu tun ist. Doch lassen wir Dr. Hallermann seine Gedanken zu einer ganzheitlichen Medizin selbst erläutern. Ich möchte mich noch einmal ganz herzlich bei ihm bedanken, daß er als ganzheitlich orientierter Arzt auf seine unnachahmliche Art meine Arbeit so wirkungsvoll unterstützt.

Kapitel 1: Körper, Seele, Geist – Gedanken zu einer ganzheitlichen Medizin

Seit Jahren bemühe ich mich in meiner Praxis um eine Medizin, die den Menschen in seiner Ganzheit erfaßt. Ganzheit bedeutet: Körper mit Seele und Geist. Den Körper kann man sehen und im wahrsten Sinne des Wortes „begreifen“. Seele und Geist hingegen entziehen sich oberflächlicher Betrachtungsweise, aber an ihrer Existenz wird wohl niemand zweifeln.

Körper, Seele und Geist bedeuten Abstufungen, die auf unterschiedlichen Ebenen ablaufen. Nebenbei repräsentieren Körper – Seele – Geist für mich auch bedeutungsvolle Entwicklungs- und Erkenntnisstufen.

Im Rahmen meiner ärztlichen Ausbildung habe ich gelernt, mich um den Körper zu kümmern und habe das auch in den ersten Jahren meiner Tätigkeit in freier Praxis getan. Die Beschäftigung mit den Naturheilverfahren aber lehrte mich, zunehmend den Menschen in seiner Ganzheit zu sehen.

Die Einladung, über dieses sehr umfangreiche Thema nachzudenken, habe ich deshalb gerne angenommen, weil sie mich gewissermaßen in die Pflicht genommen hat, über die gegenwärtige Medizin und über meinte eigene ärztliche (und menschliche) Entwicklung nachzudenken.

Als ich mich nach – wie ich meinte – ausreichend langer klinischer Ausbildung vor fast 20 Jahren in eigener Praxis niederließ, hatte ich von biologischen Heilverfahren und von ganzheitlicher Denkweise keinerlei Ahnung, und es war bezeichnend für meine Unwissenheit, daß ich beispielsweise über die Homöopathie nur lächeln konnte.

Eine Krankenhausabteilung im Rücken und mit Kenntnis über moderne Antibiotika und Chemotherapeutika ausgestattet, glaubte ich mich den therapeutischen Anforderungen der Praxis voll gewachsen.

Es machte mich nicht stutzig, wenn sich eine mit Penizillin behandelte Mandelentzündung (Tonsillitis) oder Mittelohrentzündung in kurzen Abständen wiederholte.

Das Phänomen „Unterdrückung" war mir gänzlich unbekannt.

Es war üblich, spätestens nach der vierten Mandelentzündung die Mandelausschälung (Tonsillektomie) zu empfehlen. Daß damit nur ein Symptom eines im übrigen abwehrgeschwächten Körpers behandelt wurde, wie und woher sollte ich das wissen? Symbiose und Dysbiose waren mir gänzlich fremde Begriffe. Fremd war mir auch der Gedanke, daß ich mit den Antibiotika eine biologische Zeitbombe legen könnte.

Mir klingen noch heute die Worte eines Pharmareferenten im Ohre, der ein neues Antibiotikum vorstellte mit den Worten: „Hier haben Sie ein Präparat, welches in Stunden sterile Verhältnisse im gesamten Respirationstrakt herstellt."

Aber um welchen Preis? Den hohen Preis eines blockierten Bindegewebes (Mesenchym), den hohen Preis einer Dysbiose auf allen Schleimhäuten mit der Konsequenz des chronischen Krankheitsgeschehens; wer hätte mich damals überzeugen können?

Bevor ich nun ins Detail gehe, möchte ich Ihnen die Situation erläutern, der sich die gegenwärtige Medizin konfrontiert sieht, diagnostisch und therapeutisch, um anhand eines Irrweges der sogenannten „modernen Medizin" die Notwendigkeit einer Umbesinnung aufzuzeigen.

Nachdem die Seuchen der vergangenen Jahrhunderte durch großartige Forschungen auf dem Gebiet der Hygiene und durch die Entwicklung moderner Heilmittel besiegt waren, läßt sich feststellen, daß begleitend zum Ansteigen einer immer höheren Lebenserwartung immer mehr Menschen chronisch krank sind. Und das aus mehreren Gründen:

Krankheiten aus Überfluß stehen Krankheiten aus Mangel gegenüber, so, wie wir sie heute noch in den Ländern der dritten Welt haben: Tuberkulose, Vitaminmangelkrankheiten, Proteinmangelkrankheiten, Krankheiten durch unzureichende Hygiene, bestimmte Seuchen.

Weitere Gründe sind:

- Gifte aus der Umwelt (verseuchtes Wasser, verseuchte Böden, vergiftete Nahrung, mit Abgasen verschiedener Herkunft verdorbene Luft) tun das ihre, um schon jungen Menschen jede Möglichkeit zu nehmen, das Rentenalter in Gesundheit zu erreichen;
- Manche Menschen werden mit den Bedingungen nicht fertig, die ihnen der Arbeitsplatz bietet (Hektik, Streß, Schadstoffbelastung am Arbeitsplatz, Lärm, Betriebsklima);
- Andere sind krank, weil die Wohnverhältnisse unzureichend sind;
- Wieder andere machen sich krank durch Drogen, Alkohol, Nikotin, oder weil sie zuträgliche Nahrungsmengen nicht vernünftig steuern können;
- Wieder andere sind krank durch zu hohe Schadstoffbelastungen aus einer Industrie, die Dinge produziert, die wir einfach „zu unserem Glück“ nicht brauchen;
- Wieder andere (ein noch nicht absehbar großer Teil) sind krank – ich muß es leider sagen – durch Ärzte, die Medikamente verordnen, welche Folgekrankheiten nach sich ziehen, die der Patient (weil sie unter Umständen erst Jahre später auftreten) leider gar nicht mehr den Verursachern anlasten kann.

Das beginnt beispielsweise schon im Säuglingsalter mit fieber- oder krankheitsunterdrückenden Maßnahmen, die dem Körper das eigene Abwehrbemühen völlig abnehmen und endet in Krankheiten, für deren kausale Heilung später viel Zeit, Geld und echtes Fingerspitzengefühl seitens eines ganzheitlich orientierten Naturheilers erforderlich sind.

- Wieder andere Menschen (ein ebenfalls sehr großer Teil) sind krank durch Konsum.

  Diese Menschen erkennen den Teufelskreislauf „Konsum-Arzt-Apotheke-Pharmaindustrie" nicht, wo jeder kostenträchtig dem anderen den „Ball zuspielt" und die Beteiligten bislang noch ganz gut davon leben können – sehr zum Leidwesen der Solidargemeinschaft der Versicherten, die unter der immer größer werdenden Beitragslast stöhnen.

Zu den chronischen Krankheiten, die dem Zivilisationsmenschen heute das Älterwerden in aller Regel zur Qual machen, gehören:
Herz und Kreislauferkrankungen,
Diabetes,
degenerative Erkrankungen des Skelettsystems,
bösartige Tumoren (die trotz weltweit milliardenfachen finanziellen Aufwandes ungebremst im Vormarsch sind und mangels ganzheitlicher Denk- und Behandlungskonzepte – darauf werde ich gleich eingehen – bisher keiner effektiven Therapie zugänglich sind).

Degenerative Krankheiten des Nervensystems sind im Ansteigen begriffen – ich nenne nur die Parkinsonsche und Alzheimersche Erkrankung.

Ferner:

- Depressionen und Aggressionen mit völlig unkontrollierten Verhaltensweisen

- Krankheiten aus Vereinsamung, aus Kummer, aus Sorgen, wegen mangelhafter zwischenmenschlicher Kontakte
- Allergische Erkrankungen der Haut, der Schleimhaut, der Atemwege und der Verdauungsorgane

Auch Pilzerkrankungen möchte ich noch nennen, die Ausdruck eines gestörten Terrains sind.

Es bleibt festzustellen, daß bei all den beeindruckenden Fortschritten der modernen Medizin die genannten chronischen Krankheiten auf dem Vormarsch sind und bisher beeindruckende Therapie-Erfolge hinsichtlich *bleibender Gesundheit* vermißt werden.

Der Trend zu chronischen Krankheiten ist bisher nicht gestoppt und kann mit Hilfe der analytischen Naturwissenschaften alleine auch offensichtlich nicht bewältigt werden.

Hier müssen neue Denkmodelle geschaffen werden in Gestalt ganzheitlicher Denkweise.

Es genügt nicht, Gesundheit als das „Nichtvorhandensein von irgendwelchen Krankheitssymptomen" zu bezeichnen.

Normale Laborwerte, normales EKG, EMG, EEG, Röntgenbilder usw. bedeuten noch keine Gesundheit und bieten erst recht keine Erklärung dafür, daß mehr als ein Drittel der westlichen Zivilisationsgesellschaft an einer chronischen Krankheit leidet, daß ein weiteres Drittel zwar nicht chronisch krank ist, sich aber auch nicht richtig wohlfühlt und daß vom letzten Drittel nur ganz wenige übrigbleiben, die überhaupt keine Beschwerden haben.

Launenhaftigkeit, Depressionen, Frustrationen, Aggressionen und Minderwertigkeitsgefühle können kein Zeichen von Gesundheit sein, können aber selbst mit hochentwickelten Diagnoseverfahren keiner Krankheit zugeordnet werden, sind jedoch eindeutig Zeichen von Krankheit im Vorfeld.

Wir müssen also zu einer anderen Definition von Gesundheit kommen. In einer Arbeit von Skribot lese ich:

Gesundheit wird als hohes Maß an Vitalität sowie Fähigkeit zur Konzentration und Entspannung und zu voller Lebensfreude definiert. Ein solcher Mensch ist körperlich fit und frei von gesundheitsschädigenden Angewohnheiten wie Drogenmißbrauch, Rauchen, Völlerei und übermäßigem Alkohlgenuß. Tiefes Mitgefühl seinen Mitmenschen und der Natur gegenüber sind Kennzeichen seines positiven Denkens.

Mommsen ergänzt, daß *zur Gesundheit Freude an der Nahrungsaufnahme, regelmäßige Ausscheidungen, anmutige Durchblutung der Gesichtshaut, Lust an der Bewegung, Freude an der täglichen Arbeit und ein weltoffener Blick aus harmonischen Gesichtszügen gehöre.*

All das muß ein richtiger Arzt zu erkennen versuchen, um die Symptome einer Krankheit in den Heilungsprozeß richtig einzuordnen.

Wird solches in unserer heutigen Medizin praktiziert?

Ich glaube nein sagen zu müssen. Warum?

Die heute vorherrschende Auffassung über die Gesundheit hat sich vom Optimalbild weit entfernt.

Man versteht unter Gesundheit nicht mehr das Vorhandensein der eben geschilderten positiven Kriterien (also hochwertiger Funktionen), sondern das Fehlen erkennbar negativer Symptome (also pathologischer Befunde).

Gesundheit gilt als Zustand des Nicht-Krankseins.

Echtes Gesundsein und Nicht-Kranksein sind aber zweierlei Dinge! Dieser Zustand des Noch-Nicht-Krankseins stellt aber den häufigsten Zustand des Zivilisationsmenschen dar.

Dieser fühlt sich nicht ganz gesund, aber auch noch nicht krank. Er geht seinen Verpflichtungen oft schon mühselig nach, klagt über Müdigkeit, Nervosität, depressive Verstimmungen, Wetterfühligkeit, Schlafstörungen, Verdauungsbeschwerden, Herzbeschwerden.

Die Diagnostik (Rö, Labor, EKG etc.) bietet, wie schon angedeutet, vorwiegend Normwerte, gelegentlich kleine Abweichungen.

Das kann den Patienten, der ja der geschilderten Beschwerden wegen den Arzt aufsucht (der nichts findet), nicht unbedingt zufriedenstellen.

Da ich mit dieser Medizin, die ich nach meiner erst allgemeinen und später fachärztlichen Ausbildung betrieb, nicht so recht glücklich war, begann ich zu suchen und stieß auf die jahrtausendealte Akupunkturlehre.

Diese sieht in dem Gleichgewicht zwischen Yin und Yang (jenen entgegengesetzten Kräften) Gesundheit – und Krankheit, wenn das Gleichgewicht zwischen Yin und Yang gestört ist. Diese Störung des Energieflusses ist durch Setzen von Nadeln an definierte Punkte auf den Meridianen (Energie-Leitlinien) zu beheben.

Die Akupunktur wirkt da, wo eine Organfunktion *gestört* ist, sie wirkt nicht mehr, wo eine Organfunktion *zerstört* ist. Auch wirkt sie da nicht mehr, wo ein Störfeld (kranke Mandeln, kranke Zähne, Narben, ein durch Fäulnisvorgänge, Gärungsvorgänge und durch Dysbiose kranker Darm) übermächtig ist. Hier sieht ursächliche Therapie anders aus und hier wird ein gewissenhafter Arzt nicht nadeln.

Aber ich erwähne die Akupunktur aus einem ganz anderen Grunde: Durch die Akupunkturlehre habe ich gelernt, wesentliche Zusammenhänge zu erfassen, die für eine ganzheitliche Betrachtungsweise des kranken Menschen von immens großer Wichtigkeit sind.

Die alten Chinesen haben nämlich Organpaarungen erkannt, d. h. in Beziehung zueinander stehende und auch voneinander abhängige Organe.

So haben, um nur einmal zwei Beispiele herauszugreifen, Herz und Dünndarm eine Beziehung zueinander und auch Lunge und Dickdarm. Die tägliche Praxis zeigt, daß es keinen dünndarmgesunden Herzpatienten und auch keinen dickdarmgesunden Lungenpatienten gibt. Will man (nur um es am Beispiel zu verdeutlichen) Herz und/oder Lunge – sie hängen genauso voneinander ab wie Dünndarm und Dickdarm – erfolgreich behandeln, so führt kein Weg an einer Behandlung des Darmes vorbei – über eine sinnvolle Ernährung (vielleich im Anfang Fasten oder eine Schondiät) und Symbioselenkung.

Auf meiner weiteren Suche nach einer anderen Medizin, die den Menschen in seiner Ganzheit erfaßt, traf ich auf Dr. Reckeweg und seine Homotoxin-Lehre.

Er deutet vor dem Hintergrund der widerstreitenden medizinisch-therapeutischen Konzepte (*Humoralpathologie, Solidarpathologie, Zellularpathologie, Molekularpathologie* bis hin zur modernen *Kybernetik*) die Krankheiten jeder Art und in jeder Phase als biologisch zweckmäßige Vorgänge.

Nach Reckeweg sind Krankheiten Ausdruck des Abwehrkampfes zwischen Mensch und endogenen bzw. exogenen Toxinen.

Ferner sieht er in Krankheiten den Versuch des Organismus, toxisch bedingte Schädigungen wieder auszugleichen. Für die Behandlung verwenden wir als seine Schüler homöopathische Einzelmittel, Komplexmittel oder Nosoden.

Das klang für mich anfangs sehr theoretisch, aber die Bestätigung in Form praktischer Erfahrung ließ nicht auf sich warten.

Vor gut 15 Jahren machte ich, angeregt durch Reckeweg, meinen ersten Homöopathie-Kurs in Heidelberg mit, der mir die Grundzüge der von Hahnemann inaugurierten Homöopathie vermittelte.

Ein Mitarbeiter der „Deutschen Homöopathischen Union“ gab mir eine Ampullen-Packung Sulfur D12 mit, die ich eher achtlos einsteckte.

Wieder zu Hause, begegnete ich einer etwa 46jährigen Patientin, bei der ich wegen einer eitrigen Kieferhöhlenentzündung mindestens 10 x beide Kieferhöhlen gespült und die unterschiedlichsten Antibiotika eingesetzt hatte, dies jedoch ohne jeden Erfolg.

Sie hatte einen Kurantrag gestellt und wollte die Kur auch antreten, wovon ich jedoch im Hinblick auf ihren Zustand abgeraten hatte.

Ich erinnerte mich an die Packung Sulfur, welches mir als Reaktionsmittel vorgestellt wurde, und dachte: „Nun, wenn es auch nichts nützen sollte, schaden würde es sicher nicht, warum sollte ich das Mittel nicht einmal ausprobieren?“ Ich injizierte es.

Zwei Tage später kam die Patientin freudestrahlend in meine Praxis. Sie hatte keine Beschwerden mehr. Das konnte ich mir nicht vorstellen und spülte beide Kieferhöhlen erneut scharf. Tatsächlich war praktisch über Nacht eine schwere eitrige Kieferhöhlenentzündung mit einer Ampulle Sulfur D12 ausgeheilt.

Zwei Tage später kam besagte Patientin wieder in meine Praxis, aber nicht freudestrahlend.

Was war geschehen? Sie hatte nach Sulfur D12 einen ganz starken Durchfall bekommen, mit dem sie zu ihrem praktischen Arzt gegangen war. Der gab ihr ein darmwirksames Antibiotikum mit dem Erfolg, daß der Durchfall sofort stand, im Kieferhöhlenbereich aber alles wieder von vorne losging.

Ich war derart ärgerlich, daß die Patientin sich und mir durch die Intervention des Hausarztes den Therapieerfolg zerstört hatte, daß ich dem Ärger Ausdruck verlieh – mit der Konsequenz, daß ich die Patientin nie wieder gesehen habe.

Aber ich habe aus diesem Fall für mich viel gelernt und – Reckeweg verstehen gelernt, der ja festgestellt hat, daß chronische Krankheiten über Ausscheidungsvorgänge im Rahmen akuter Erkrankungen (hier der Durchfall, dort starkes Schwitzen oder eine starke Harnflut oder Abszesse etc.) ausheilen können.

Ich habe aber auch andere Beobachtungen von Reckeweg in der Praxis nachvollziehen können.

Behandelt man beispielsweise eine akute Krankheit, beispielsweise eine Erkältung unterdrückend (d. h. einfach gesagt, daß man der körpereigenen Abwehr „ins Handwerk pfuscht"), so kann sie sich auf andere Organe verlegen, und aus einer akuten Erkrankung kann eine wesentlich schwerer behandelbare chronische Erkrankung werden.

Der Fall, den ich Ihnen hier schildern möchte, betrifft einen etwa 30jährigen jungen Mann, der mit einem beginnenden Mandelabszeß zu mir kam. Da die von mir verordneten homöopathischen Mittel am nächsten Tage noch keine Besserung gezeitigt hatten, erwartete er von mir jetzt ein schärferes Geschoß: Ich belehrte ihn über die damit verbundene Problematik, aber er war meinen Argumenten nicht zugänglich. Nach zwei Tagen war der Abszeß abgeklungen. Der Patient war glücklich.

Nach weiteren zwei Tagen war der Patient wieder in der Praxis mit Schmerzen im rechen Nierenlager als Ausdruck einer Nierenentzündung, die – wie erwartet – wesentlich schwerer zu behandeln war.

Diese beiden Fälle stelle ich Ihnen stellvertretend für andere vor, denn sie haben eines gemeinsam:

Hier wurde etwas unterdrückt, *im einen Fall* der Durchfall als Möglichkeit, sich von Krankheitserregern und anderen Giftstoffen über den Darm zu befreien, *im anderen Fall* die eitrige Mandelentzündung.

Zugegebenermaßen sind dies lästige Symptome; gleichwie muß man sich aber fragen, was unangenehmer ist; einige Tage das Selbstheilungsbestreben des Körpers zu dulden, oder – wenn dieses unterdrückt wurde – lebenslang eine chronische Krankheit zu behalten, wie beispielsweise Asthma, Heuschnupfen, eine lästige Hauterkrankung oder eine Nahrungsmittelunverträglichkeit.

In Unkenntnis der Zusammenhänge fordert der Patient sofortige Beschwerdefreiheit durch unterdrückende Pillen oder Injektionen. Ärzte, die dieses Anspruchsverhalten (hoffentlich nur aus Unkenntnis) tolerieren, haben hier eine gehörige Mitschuld.

Es ist leicht, schon im Säuglingsalter Fieber zu unterdrücken (willkommenes Fieber, Fieber als Hinweis nur dafür, daß die körpereigene Abwehr funktioniert).

Es ist leicht, durch Antibiotika bakterielle Entzündungen zu unterdrücken, nur bedenkt leider kaum ein Verordner, daß damit auch Keime abgetötet werden, die für uns im Darm wichtige Aufgaben erfüllen.

Daraufhin kommt es zu *Dysbiosen* (zu einer Störung im Gleichgewicht krankmachender und Gesundheit erzeugender Keime, der sogenannten Symbionten), zu einem Milieu, in dem sich krankmachende Keime wohl fühlen *und* den Symbionten die Lebensgrundlage entzogen wird *und* die Funktion des gesamten Darmes empfindlich gestört wird.

Der Darm aber ist nun einmal unser zentrales Stoffwechselorgan, welches über Gesundheit und Krankheit maßgeblich entscheidet.

Ich habe schon erläutert, daß bereits die alten Chinesen Organpaarungen erkannt haben.

So bilden, ich wiederhole das, Herz und Dünndarm sowie Lunge und Dickdarm ein Meridianpaar.

Die Praxis zeigt täglich (aufgrund meiner diagnostischen Möglichkeiten), daß es keinen dünndarmgesunden Herz- und keinen dickdarmgesunden Lungenpatienten gibt.

Das Ausleiten von Schlacken, von Stoffwechselendprodukten kann aus einem Darm, der durch das in unserer Zivilisation übliche zu viel, zu oft, zu schnell, das Falsche zu unpassender Zeit essen und durch die beschriebenen unterdrückenden Vorbehandlungen (vom Säuglingsalter an) geschädigt ist, nicht mehr funktionieren.

Was passiert mit einem Mülleimer, in dem sich die Abfallstoffe sammeln? Er ist voll, er läuft über.

Können Sie sich jetzt vorstellen, warum jemand ständig eine Nebenhöhlenentzündung, eine Bronchitis mit viel Auswurf, eine Haut mit Ekzemen und Furunkeln etc. hat?

Und können Sie sich vorstellen, daß man Patienten helfen kann, daß man sie gesundmachen kann, wenn die Absonderung aus der Nase, *die notwendige Absonderung aus der Nase*, wenn der Auswurf, *der notwendige Auswurf*, wenn der Durchfall, *der notwendige Durchfall* mit entsprechenden Mitteln unterdrückt wird, oder die Haut mit kortisonhaltigen Salben verkleistert wird? Die Industrie freut sich natürlich über diese Symptom-Behandlungen!

Aber können *wir* uns darüber freuen, daß mit unterdrückender Therapie die Ursache – nur als Beispiel: allergischer Erkrankungen – überhaupt nicht erfaßt wird und deshalb Allergiker meist lebenslang von Kortison und ähnlichen Präparaten abhängig bleiben?

Wir zahlen und zahlen und sollen/dürfen nicht merken, daß wir von einer Medizin-Mafia manipuliert werden, für die nur ein kranker Patient ein guter Patient ist.

Jutta Haase-Voigtmann weist in einer Arbeit darauf hin, daß – selbst bei Kenntnis der ursächlichen Zusammenhänge – die chronische Behandlung von heilbaren Krankheiten den diversen Interessenvertretern viel mehr Gewinn bringt als die Heilung von Krankheiten.

Ich denke, daß die Erfahrungen der alten Chinesen mit Beobachtungen der täglichen Praxis übereinstimmen, wenn sie das Folgende festgestellt haben:

„Was Niere und Blase nicht ausscheiden, muß der Darm ausscheiden. Was der Darm nicht ausscheidet, muß die Lunge ausscheiden. Was die Lunge nicht ausscheidet, muß die Haut ausscheiden. Und was die Haut nicht ausscheidet, das führt zum Tode.“

(Chinesisches Sprichwort)

Ich greife die oben genannte *Allergie* als ein Beispiel einer meist körperlichen Krankheit heraus:

Allergie heißt Überempfindlichkeit gegen Stoffe, die über die Atemwege, über den Darm oder über die Haut aufgenommen werden, auch Überempfindlichkeit gegen Stoffe, die bei einer gestörten Verdauung entstehen.

Allergische Erscheinungen sehen wir ganzheitlich orientierten Ärzte als Toxin-Ausleitungsprobleme, die sich in den gängigen Symptomen offenbaren.

Den somatischen (körperlichen) Teil dieser Arbeit möchte ich nicht beenden, ohne auf die Krankheitsschau der alten Ärzte einzugehen, die der Auffassung waren, daß vielen Krankheiten, besonders aber den chronischen Krankheiten eine tiefgreifende Störung des humoralen Milieus (also von Blut und Säften) zugrunde liegen. Diese Störung nannten sie *Dyskrasie*. Dyskrasie bedeutet die fehlerhafte Beschaffenheit der Säfte. Die Behandlung wurde dementsprechend *anti-dyskratische Behandlung* genannt.

Eine anti-dyskratische Behandlung, also eine Behandlung von Blut und Säften mit Ableitung auf dem Darm, auf Leber und Galle, auf die Nieren, auf die Haut, über die Nasenschleimhaut, über das Erbrechen, über die Wiederherstellung einer Menstruationsblutung von normaler Dauer und normaler Stärke erfolgt auf Grund der humoralen Diagnostik, die ebenso Bestandteil ganzheitlicher Denkweise ist wie die Akupunkturlehre und die Homotoxinlehre von Reckeweg. Humorale Diagnostik ist Bestandteil auch der Diagnostik nach F. X. Mayr, die ich in meiner Praxis durchführe, auf die hier einzugehen leider zu weit führen würde.

Bisher habe ich nur rein körperliche (somatische) Fakten besprochen, die – wie wir wissen – zwar sehr wesentlich sind, aber das Körperliche und das Geistig-Seelische bilden nun einmal eine untrennbare Einheit. Alle Welt weiß davon, nur tut die heutige Medizin so, als gäbe es diese Einheit nicht.

Das entspricht leider dem Zeitgeist; der dem heutigen Zeitgeist entsprechende „Mediziner“ ist ein rational und materialistisch ausgerichteter, nüchterner Spezialist, der im Patienten einen wissenschaftlich definierbaren Fall sieht, etwa den Streptokokken-Infekt in Zimmer 12, den Dickdarmtumor auf Zimmer 13, den Verschluß der Coronar-Arterie in Zimmer 14.

Die spezifische Behandlung mit dem entsprechenden Antibiotikum, einer Operation oder einer Arterienplastik ist bei fachgerechter Anwendung zwar in jedem Falle geeignet, um dem letztlich vorliegenden Krankheitssymptom entgegenzutreten; der gesamte Mensch hingegen, einschließlich seiner Persönlichkeit, Gefühle, Ängste, sowie der Faktoren, die ihn für das Zustandekommen der Krankheit vorprogrammiert haben, bleibt unberücksichtigt.

Dem „Mediziner“ steht der „Arzt“ gegenüber.

Der Arzt nimmt an der Krankheit seines Patienten persönlich Anteil. Der Arzt führt den Patienten auf den Weg, auf dem seine Krankheit ihren Sinn entwickeln kann. Krankheiten sind schließlich keine Pannen oder Entgleisungen, sondern ein sinnvoller Ausdruck des Lebens.

Der Arzt kann sich nicht mit dem gesenkten Blutdruck, dem normalisierten Blutzucker, dem unterdrückten Asthma, der amputierten Brust oder dem weggeschnittenen

Darm zufriedengeben, obwohl auch er die körperlichen Leiden zu lindern versucht.

Der Arzt weiß aus seiner eigenen Erfahrung, daß sich hinter jeder Krankheit grundsätzliche und schwerwiegende Lebensprobleme verbergen und daß sein Einsatz ohne den Versuch, sie zu lösen, nur oberflächliche Effekthascherei bleibt.

Es fällt auch den Patienten auf, daß die heute ausgeübte Therapie (die ja nur Symptome beseitigt) die Patienten immer kranker statt gesünder macht. Sie bekommen blockierende und betäubende Medikamente oder werden operiert, aber nach einiger Zeit bricht die unterdrückte Krankheit – meist stärker – wieder hervor oder wird von einer noch schwereren Krankheit abgelöst.

Obendrein gehen dabei auch die eigentlichen menschlichen Werte, die Lebensfreude, der Lebenssinn, der Lebensreichtum verloren; Kriterien, die in wissenschaftlichen Statistiken keinen Platz haben, so daß schließlich ein trauriges Wrack übrigbleibt.

Dieses Wrack ist dann möglicherweise auf eine Ersatzteilmedizin angewiesen, die bei entsprechender Lebensführung und der Behandlung durch einen ganzheitlich ausgerichteten Arzt sicher zu vermeiden wäre.

In einem Aufsatz mit dem Thema „Nicht nur reparieren" kritisiert der verstorbene Theologe Prof. H. Thielicke die Mediziner. Zum Schluß zitiert er einen Satz des dänischen Philosophen Kierkegaard:

„*Der Spaß, eines Menschen Leben für einige Jahre zu retten, ist nur Spaß. Der Ernst ist selig sterben.*"

Thielicke warnte, diesen Satz nur im Sinne religiöser Erbaulichkeit zu sehen und interpretierte Kierkegaard etwa so:

Wenn sich der Sinn des Lebens nicht in seiner bloßen Dauer erschöpft, kann auch nicht jede Rate der Verlängerung schon Triumph bedeuten. Wichtiger ist es, daß das Leben den Einklang mit seiner Bestimmung gewinnt und sich im Frieden mit der letzten Instanz vollendet.

Vielleicht kann der Arzt seinen Heilungsauftrag besser erfüllen, meint Thielicke, wenn er daran denkt, daß Heilung auch mit Heil zusammenhängt.

„Unter *Heilung* versteht man normalerweise die Erlösung von Krankheit, Schmerzen und Übeln, und so bedeutet das *Heil*, daß wir frei werden vom höchsten Übel unseres Lebens, nämlich vom Zerwürfnis mit der Wirklichkeit, unserem Hader mit dem Schicksal ..." (Helmut Hark)

Dieses Zerwürfnis mit der Wirklichkeit, dieser Konflikt mit der Lebenswirklichkeit ist letztlich mit einer der wesentlichen Gründe für Krankheiten. Man versteht sein Leben, sein Schicksal nicht. Daraus entstehen durch die Zerstörung der inneren Harmonie Frustration, Unzufriedenheit, Depressionen, die in den Körper abgeleitet werden, um uns durch verstärkte Schmerzen und körperliche Defekte zum Nachdenken zu zwingen.

Helmut Hark ist der Meinung, daß wir uns, wenn wir nicht leiden, nicht von der Stelle bewegen. Wir machen beispielsweise keinen Versuch, eine möglicherweise schlechte Ehe zu klären, verbleiben im gehaßten Beruf, verharren in einer unerträglichen oder verlogenen Situation.

Manchmal wacht der Mensch erst auf, wenn er seinen Herzinfarkt, sein Magengeschwür oder seinen Krebs bekommt, meistens jedoch leider überhaupt nicht.

Dann werden die Körpersignale allopathisch vertuscht, unterdrückt oder wegoperiert. So nimmt das Unheil seinen Lauf, und hier ist Heilung (das heißt Erlösung) nur noch durch den Tod möglich.

Wenn es aber einem Menschen – unter dem Druck seines Leidens – gelingt, seinen inneren Konflikt zu lösen, sich mit der Lebenswirklichkeit wieder auszusöhnen, dann kehrt auch der innere Frieden in seine Seele ein und dann normalisieren sich auch seine körperlichen Funktionen, soweit nicht bereits irreparable Defekte eingetreten sind.

Heilung ist dabei immer Selbstheilung, wobei wir mittels Schulmedizin unterdrückte Krankheiten nicht den geheilten Krankheiten zuordnen. Immer will sich die Kraft, die den Körper erschaffen hat und die ihn leben läßt, verwirklichen, d. h. wachsen, aufbauen, reparieren und heilen.

Daher sind alle Krankheiten, die unser Körper entwikkelt, Versuche zur Selbstheilung, wie ich schon im Zusammenhang mit Reckeweg ausgeführt habe: Entzündungen, Ausflüsse, Fieber, Eiter, Durchfall und selbst Tumore.

Helmut Hark führt dazu weiter aus: „Grundsätzlich wählt der Körper immer den besten unter den noch verbliebenen Wegen."

Wenn man ihm aber einen besseren, nämlich den inneren Weg öffnet, zum Beispiel in Form einer Bewußtwerdung, dann braucht er den äußeren, nämlich die körperliche Krankheit nicht mehr; dann kann der betreffende Mensch, statt mit körperlichen Symptomen auf eine bestimmte Lebensproblematik zu reagieren, sich mit dieser auseinandersetzen und sie zu seiner Zufriedenheit lösen.

Bewußtwerdung bedeutet die Analyse von krankheitsauslösenden Faktoren, denn wenn es uns nicht gelingt, ein Problem durch Bewußtwerdung zu lösen, versucht der Organismus, es über eine körperliche Krankheit abzuleiten und uns über verschiedene Leiden wie Migräne, Krebs, Ekzeme etc. zum Nachdenken zu bringen und zu suchen.

Manchmal erkennen wir dann, daß Krankheit nur eine andere Erscheinungsform von Sorgen, Ängsten, Haß, Enttäuschungen, auch der ganzen verneinenden Lebenshaltung ist.

In diesem Zusammenhang ist die Erkenntnis wichtig, daß wir immer nur unter uns selbst leiden (also bis zu einem gewissen Grade dafür verantwortlich sind).

Wir projizieren unsere innere Problematik auf die Außenwelt und suchen die Schuld bei anderen Menschen oder widrigen Umständen (Bakterien, Viren, Ehepartnern, Nachbarn etc.).

In Wirklichkeit entsteht unser Leid aber aus dem Konflikt mit dem, was ist, mit der eben beschriebenen Lebenswirklichkeit.

Wenn wir dazu aber den Kontakt verlieren, wenn wir uns in unrealistische Vorstellungen, Wünsche, Vorurteile, aber auch Ideale ... verstricken, veranlassen wir jene Kraft, die diese Realität bewirkt hat, uns in Form von Schmerzen und mit Hilfe einer Krankheit auf unseren Irrtum aufmerksam zu machen.

Das Leben – in seinem positiven Sinne – schickt uns das Leiden, damit wir erwachen und zu unserer Selbstverantwortung zurückfinden; zur Bereitschaft, die Ursache unseres Unglücks zuallererst bei uns selbst zu suchen und auszulöschen.

Wirklich verändern und verbessern können wir nur uns selbst. Dr. Hark drückt das – für mich faszinierend – so aus:

„Nur wenn wir unsere ‚inneren Verknotungen' lösen, also krankhafte Lebensmuster und uns beeinträchtigende, blockierende innere Erfahrungen auflösen, kann sich unser inneres Wachstum vollziehen. Dann hören wir auf, uns selbst zu schädigen, und weil wir keine ‚Denkzettel' in Form unserer Krankheitssymptome mehr benötigen, verschwinden sie auch wieder."

Vor Jahren betreute ich eine alte Jüdin, die mich auf „Die Bibel für Kinder erzählt" von Stutschinski aufmerksam machte.

Ich verschlang regelrecht dieses mit journalistischem Geschick geschriebene Werk.

In besonderem Maß fesselte mich die Leidensgeschichte von Hiob, und ich fand dort seinerzeit auch Antwort auf die mich so sehr bedrängende Frage, woher denn Krankheit kommt (nicht etwa Husten, Schnupfen, Heiserkeit).

Dort steht: „Krankheit kommt aus dem Innern wie die Funken aus dem Feuer, geht's mir wie Dir, ich wüßte, was ich täte, ich brächte meine ganze Not vor Gott, er ist's, der Wunder tut, unzählbar viele …"

Krankheit kommt aus dem Innern, Krankheit ist ein Konfliktgeschehen, Krankheit ist eine Kollision mit der Lebenswirklichkeit, ist Antwort und Frage zugleich.

Ein Kranker, der mit der nötigen Demut, mit dem nötigen Bezug zu seinem Schöpfer fragt, bekommt Antwort, bekommt Wege gewiesen zum Heil als Erlösung all dessen, worunter er zu leiden hat.

Solche Antworten auf Fragen eines wirklich Suchenden können auf vielerlei Weise erfolgen, zum Beispiel durch Träume, durch scheinbar „zufällige" Begegnungen und/ oder Gespräche – häufig mit völlig fremden Menschen, oder man liest die Antwort in einem Buch, beispielsweise der Bibel.

Das Stichwort „Suchen" läßt mich an ein Erlebnis denken, das geradezu unglaublich klingt:

Eine Patientin, die vor ihrer Eheschließung als Krankenschwester gearbeitet hatte und in zufriedenstellenden familiären Verhältnissen lebte, eröffnete mir, daß sie ihre Tochter nicht mehr besuchen könnte, weil sie den unwiderstehlichen Zwang verspürte, das Enkelkind zu töten. Sie befand sich in einem ständigen Dilemma, einerseits hatte sie große Sehnsucht nach dem Kind, andrerseits den ungeheuren Zwang, das Kind zu töten.

Es fiel mir schwer, meine Ratlosigkeit zu verbergen, weil mir dieser Tötungswunsch geradezu unheimlich war. Zufällig ergab es sich, daß ich kurz darauf zu unserem Naturheilerkongreß nach Baden-Baden fahren mußte. In einer Pause zwischen Vorträgen kramte ich eher gedankenverloren am Büchertisch. An die Patientin dachte ich in diesem Moment nicht. Dann fiel mir Hans Leers „Sammlung seltener Symptome“ (mit dem Untertitel „Was nicht im Kent steht“) in die Hand und ganz zufällig lese ich unter ‚Fürchtet‘: „...fürchtet, ihr Kind morden zu müssen.“ Platin wird da genannt.

Ich lieh mir die beiden Bände der homöopathischen Arzneimittellehre von Metzger aus und studierte das Krankheitsbild von Platin in der Cafeteria des Kongreßhauses. Ich war wie erschlagen, als ich da fast wörtlich die Geschichte meiner Patientin las. (Metzger, Bd. II, S. 1163).

Wieder zu Hause erfragte ich die für die Mittelwahl wichtigen anderen Modalitäten. Platin paßte und befreite meine Patientin sicher von diesem entsetzlichen zwanghaften Tötungswunsch und auch noch von anderen platin-typischen Symptomen.

Ich war für die Patientin als Mittler, als Medium bestimmt, sie hatte gesucht, gefragt, eine Antwort und einen Weg gewiesen bekommen. Auf den Symbolgehalt dieses Tötungsverlangens kann ich hier nicht eingehen, weil ich Details der Krankengeschichte der Patientin erläutern müßte, die den Rahmen dieses Vortrages sprengen würden. Fest steht, daß in jedem Symptom Symbole schlummern, die man als „Organsprache“ sehen muß, als symbolhaften Ausdruck für unbewältigte Konflikte, als symbolhaften Ausdruck für seelische Ursachen von Krankheiten.

Diese „Organsprache“ sucht der darin geschulte Arzt in der Patientenbegegnung zu verstehen.

So denke ich gerade an eine 45jährige Patientin mit Herz-Rhythmus-Störungen, die von Arzt zu Arzt gelaufen war und keiner habe ihr helfen können. Seit 25 Jahren hatte sie diese Beschwerden, seit 25 Jahren war sie mit ihrem Mann verheiratet.

Kurt Tepperwein sagt in seinem Buch „Die Botschaft Deines Körpers" (mvg-Verlag): „Wenn das Herz stolpert oder rast, ist das immer ein sicheres Zeichen für eine Entgleisung, für eine Störung der Ordnung, des inneren Rhythmus. Wenn wir nicht auf unser Herz hören wollen, dann zwingt es uns dazu."

Ich habe der Patientin die psycho-somatischen Zusammenhänge, die Organsprache ihres Herzens erläutert und eine Psycho-Therapie als Paar-Therapie empfohlen mit der Hoffnung, daß sie – wenn sie mit ihrem Ehemann zusammenbleiben wollte – lernen müßte, ihn anzunehmen.

Eine 31jährige arbeitslose Lehrerin klagte seit Jahren über immer wiederkehrende Schulter-Nacken-Rückenbeschwerden. Sie wollte gerne in ihrem „Traumberuf" arbeiten, bekam aber keine Stelle und mußte, weil das Arbeitsamt nicht länger zu zahlen bereit war, eine ihr verhaßte ABM-Maßnahme mit Ausbildung zur EDV-Kauffrau machen.

Gewiß finden sich bei der körperlichen Untersuchung Hinweise für eine das Leiden begünstigende Stoffwechselstörung, aber die Aussage von Hubert Scharl in seinem Buch „Die Organsprache" (T. Marczell-Verlag) erklärt treffender die Hintergründe:

Z.B.: „Das Leben mutet mir zuviel zu, das kann ich nicht mehr tragen bzw. ertragen." oder „Ich muß fortwärend unter Druck und Spannung leben." oder „Ich kann die Sorgen nicht mehr auf meinen Schultern tragen, ich fühle mich dem Leben (dieser Art Leben) nicht mehr gewachsen."

Die Wirbelsäule ist als besonders symbolträchtiges Projektionsfeld für innere Konflikte, emotionale Störungen und psychoreaktive Anpassungsvorgänge anzusehen. Als Ausdrucksorgan für innere Spannungen bedient sie sich – wie auch im geschilderten Fall – einer deutlichen Organsprache.

Nur zwei weitere Beispiele zur Verdeutlichung:

Eine gebeugte Körperhaltung spricht offen von lang erduldetem Kummer und sorgenvollen Schicksalssituationen. Hubert Scharl neigt zu der Ansicht, daß besonders das weibliche Geschlecht durch die entsprechenden Lebensumstände und Schicksalssituationen auf die Organsprache der Wirbelsäule angewiesen ist, um seine Konflikte mit Enttäuschungs- und Abwehrreaktionen zum Ausdruck bringen zu können.

Kreuzschmerzen können Ausdruck einer Sexualneurose sein: Frigide, den Intimkontakt ablehnende Frauen haben in der „begründeten" sexuellen Inaktivität einen Krankheitsgewinn.

In ihrem Buch „Der Asthmatiker" bringen Jores und Keräkjartô interessante Details über die Psychologie des Asthmaleidenden.

Sie vertreten die Auffassung, daß für die Auslösung des Anfalles die Reaktion auf bestimmte Allergene weniger ausschlaggebend ist als die „Allergie" gegen bestimmte Situationen und Menschen. So treten Asthmaanfälle meist nur in typischen Situationen auf: Der Asthmakranke steht dabei in innerer Opposition zum gerade Erlebten, zum Geschehen, zu den beteiligten Menschen, ohne fähig zu sein, die auftauchende Aggression freizusetzen, sich freizuatmen. Es verschlägt ihm buchstäblich den Atem, daß es so etwas, was er eben erleben mußte, überhaupt geben darf.

Dieses empörte „Nein" zur Situation und Umwelt raubt ihm die Möglichkeit, seinen Atem in diese arge Welt ausströmen zu lassen.

Ich möchte nicht zum Schluß kommen, ohne auf den Symbolgehalt der Haut – jener sensiblen Trennwand zwischen Innenwelt und Außenwelt – eingegangen zu sein.

Hubert Scharl überlegt bei allen Hauterkrankungen, bei denen sich kein organischer Befund erheben läßt, ob eine psychogene Störung die Haut als Projektionsfeld „zur Klage“ benützt. Die „Organsprache“ der Haut kann meist verstanden werden als symbolischer Ausdruck:

a) des Sich-unrein-Fühlens, besonders im sexuellen Bereich,
b) chronischer Angst- und Spannungszustände,
c) unterdrückter Aggressionen,
d) der Selbstunsicherheit.

An dieser Stelle sollten wir kurz in die Bibel schauen: Im Markusevangelium Kapitel 1, 40–45, steht etwas über die Heilung des Aussätzigen:

„Da kommt zu ihm ein Aussätziger, ihn kniefällig bittend und zu ihm sagend: ‚Wenn du willst, kannst du mich reinigen.’ Da ward er von Mitleid ergriffen, und die Hand ausstreckend, berührte er ihn und sagte ihm: ‚Ich will, sei rein!’ Und gleich ist der Aussatz von ihm weggegangen und er ward gereinigt …“

Dazu schreibt Eugen Drewermann in seinem sehr lesenswerten Buch „Das Markus-Evangelium“, daß Ende der 50er Jahre in Italien ein damals weitverbreiteter Kolportageroman eines Schriftstellers mit dem Künstlernamen Curzio Malaparte unter dem Titel: „Die Haut“ (la pelle) erschien.

Der in allen Teilen bewußt widerlich bis zur Unerträglichkeit gehaltene Roman schildert die Vorgänge gegen Kriegsende 1944 beim Einmarsch der Amerikaner in Neapel.

In ausufernden Bildern des Ekels analysiert der Autor, wie der Mensch besiegt, erniedrigt, überrollt, prostituiert und ausgebeutet wird, bis nur noch ein Aspekt von ihm übrigbleibt: seine Haut.

Die Haut, die jeder zu retten sucht, die Haut, die man zu Markte trägt, die Haut, die man jemandem über den Kopf zieht, die Haut, die man so teuer wie möglich zu verkaufen sucht – der Mensch als alte Haut, treue Haut, nackte Haut, verwundete Haut. Haut steht für Mensch.

Tatsächlich ist die Haut mehr als nur die Oberfläche unseres Körpers. Sie bildet die erste und tiefste Verbindung zur Außenwelt, die Quelle der elementarsten und ursprünglichsten Gefühle von Lust und Schmerz und die grundlegende Brücke zur Realität.

Heute wissen wir längst, daß Hautkrankheiten durch mangelnde Zuneigung entstehen können. Wenn wir beispielsweise unsere Wirklichkeit als ständig angsteinflößend, ekelhaft und abstoßend empfinden und auf jedes Gefühl der Zärtlichkeit, auf das unsere Haut normalerweise so angenehm reagiert, verzichten müssen, dann kann es sein, daß sich unsere Haut mit einem Ausschlag dafür „revanchiert".

„Ausschlag" stellt also psychosomatisch eine Antwort auf mangelndes Angesprochen- und Gestreicheltwerden dar.

Wenn der notwendige menschliche Kontakt fehlt, dann erkrankt das Organ Haut, das zwischen uns und der Welt vermittelt. Zugleich ist es dann nicht mehr möglich, sich von der Umwelt abzugrenzen und so strömt alles schutzlos auf uns ein.

Überempfindlich ziehen wir uns in uns selbst zurück. Die Bibel hat, weiß Gott, ganz recht, wenn sie den Aussatz in diesem Sinne als eine Krankheit der Seele beschreibt, als ein Chaos von Geistern, die man selber nicht gerufen hat, die von außen eingedrungen sind und deren Herrschaft man willenlos ausgeliefert ist.

Wir leben in einer Zeit, die aus den eingangs genannten vielfältigen Gründen Krankheiten erzeugt und somit die Einheit zwischen Körper, Seele und Geist stört bzw. zerstört.

Das Zurückfinden zu einem Diagnose- und Therapie-Konzept, das den Menschen in seiner Ganzheit erfaßt, ist dringend vonnöten.

So habe ich die Akupunkturlehre, die Homotoxinlehre

Reckewegs, die Blut- und Säftelehre der alten Ärzte und nicht zuletzt die Vorfeld-Diagnostik von F. X. Mayr (die ja gleichzeitig Humoraldiagnostik beinhaltet) als Konzepte ganzheitlicher Denkweise erläutert bzw. angedeutet; Konzepte, die mir ermöglichen, einen Patienten in seiner Ganzheit zu erfassen, zu diagnostizieren und in Kenntnis seiner seelischen Situation und seines sozialen Umfeldes zu therapieren.

In meiner Praxis sammeln sich heute vorwiegend chronisch kranke Menschen, die früher von Arzt zu Arzt gelaufen sind.

Für die einen darf ich Helfer sein, für andere nicht.

Die tägliche Erfahrung, daß Gesundheit identisch ist mit Harmonie und Krankheit identisch ist mit Disharmonie, ist keine Binsenweisheit. So beobachte ich in meiner Praxis auch immer wieder, daß körperliche Krankheiten nur im Gefolge unbewältigter seelischer Störungen auftreten, jener Zustände, die durch den Verlust der inneren Harmonie gekennzeichnet sind, also Konflikte, Frustrationen, Unzufriedenheit, negative Emotionen und Einstellungen, Unwahrhaftigkeit, Freudlosigkeit, Lebensverneinung.

„Nur wer den inneren Frieden besitzt, wer sich mit seinem Schicksal identifiziert und in seinem Leben Freude findet, kann gesund sein, denn er hat keinen Grund für Ängste, Schuldgefühle, Verbitterung, Haß, Selbstmitleid und den üblichen selbstzerstörerischen Krampf." (Helmut Hark)

Das durch die Folgen von Disharmonie ausgelöste Unbehagen (Unbehagen als verallgemeinernder Begriff für das krankhafte seelische Potential) leitet der Organismus in Form von Fieber, Absonderungen, Entzündungen, Ablagerungen, Tumoren etc. ab.

Ich habe erläutert, daß hier der Körper für die durch den inneren Konflikt gefährdete Seele als Notventil dient. Er macht uns, da wir nicht auf die feine Mahnung von innen hören, durch unübersehbare Symptome unsere Situation deutlicher bewußt.

Gerade chronisch kranke Menschen kommen trotz gegenteiliger Beteuerungen mit dem Anspruch auf sofortige Heilung in meine Praxis. Aus dem vorhin Dargelegten werden Sie verstehen können, daß ich diesem Anspruch einfach nicht nachkommen kann. In zeitaufwendigen Gesprächen kann ich zwar die konfliktträchtige Lebenssituation analysieren und erörtern und Wege zur Heilung aufzeigen, aber ich kann dem Patienten die damit verbundenen Mühen nicht abnehmen.

Ich kann dem Patienten bewußt machen, daß Gedanken (seine Gedanken) eine Macht besitzen, zum Guten wie zum Bösen, zum Aufbauen wie zum Zerstören, zum Selbst-Zerstören. Zu diesem Thema empfehle ich folgende Bücher:

- Norman Vincent Peale: „Die Kraft positiven Denkens“
- Joseph Murphy: „Die Macht des Unterbewußtseins“
- Götz Blome: „Wirf ab, was dich krank macht“
- Dale Carnegie: „Sorge dich nicht, lebe!“ und „Wie man Freunde gewinnt“
- Catherine Ponders: „Die Heilgeheimnisse der Jahrhunderte“
- Betty Tapscott: „Innere Heilung“

Die Inhalte ähneln sich, aber je mehr wir uns mit positivem und zuversichtlichem Denken vertraut machen, um so leichter werden uns auch negative Gedanken bewußt, und wir können diese im Moment des Bewußtwerdens in positive Gedanken umwandeln, so daß die negativen Gedanken dann nicht mehr wie ein „Dorn im Fleisch“ oder wie ein „Geschwür“ die Krankheit nähren.

Negative Gedanken und Sorgen sind „mentale Krankmacher“ (Kurt Tepperwein), dafür habe ich Beispiele erbracht.

Wenn uns aber negative Vorstellungen krank machen können, dann können uns umgekehrt positive Vorstellungen ebenso zuverlässig gesunden lassen, denn unser Bewußtsein bestimmt (unter anderem) unsere Gesundheit, wir aber bestimmen unser Bewußtsein durch unser Denken.

„Mentale Krankmacher" sind Heilungshindernisse, sind Ängste, negative Gedanken, die Unfähigkeit zu glauben, die Hemmungslosigkeit im Genuß und die Unfähigkeit, verzichten zu können. Tepperwein nennt als mentale Krankmacher beispielsweise auch die Vorstellung, daß es unbedingt erforderlich sei, von jedem Menschen in seiner Umgebung akzeptiert und geliebt zu werden, oder den Glauben, daß die eigene Vergangenheit das Leben weitgehend bestimmt und man kaum noch etwas ändern kann. „Ein Heilungshindernis" – so Tepperwein – „ist aber auch unsere geistige Blindheit, die verhindert, daß wir zu höherer Erkenntnis gelangen."

Halten wir also abschließend fest, daß jede Krankheit ein Ausdruck des Körpers für ein ungelöstes Problem ist.

Jede Krankheit macht uns auf eine geistige Fehlhaltung aufmerksam und zeigt uns, daß eine Korrektur im Bewußtsein erforderlich ist. Krankheit ist daher unser Freund und Helfer, der uns schmerzhaft zu Bewußtsein bringt, wenn etwas nicht in Ordnung ist.

Durch die „Sprache der Symptome" zeigt dieser Freund genau, wo es fehlt und was dagegen zu tun ist.

„Hören wir immer genau auf die Melodie unseres Lebens, dann erkennen wir rechtzeitig auch jede Disharmonie." (Kurt Tepperwein)

Dr. med. Wilhelm Hallermann

Kapitel 2: Warum meditieren wir?

Meditation bedeutet wörtlich:
Andacht,
Nachdenken,
Betrachtung

Der Wahrheitssucher, der Mystiker versteht darunter Verinnerlichung, ein Erlebnis in der Tiefe seiner Seele.

Die Meditation wird in unserer Zeit einen ihr gebührenden Platz bekommen, sie wird das Gebet der Zukunft sein, denn sie bringt uns in unmittelbaren Kontakt mit der Lebenskraft der Natur und mit unserem höheren Selbst. Sie macht uns bewußt, daß wir aus der Quelle des ewigen Lebens, die in unserer eigenen Tiefe liegt, Kraft und Heilung für uns schöpfen können. Sie ist eine wirksame Hilfe in unserem von Unruhe und vielen Ängsten erfüllten Leben. Sie gewährt uns Harmonie für Körper, Geist und Seele. Denn die volle Gesundheit eines Menschen besteht aus dieser harmonischen Zusammenarbeit.

Es kommt auf das innere Gleichgewicht unseres Lebens an, und auf das natürliche Wachstum unserer Seele. Wenn wir uns nur einseitig um unseren Körper oder auch um unseren Geist kümmern, verlieren wir unser inneres Gleichgewicht. Wir bleiben dann, trotz hervorragender künstlerischer Leistung, bester körperlicher Gesundheit oder hoher Intelligenz, einseitig und unvollkommen.

Es geht um diese Vollkommenheit, die dann unsere Harmonie ausmacht. Es geht um die Wiederherstellung des Gleichgewichtes von Körper, Geist und Seele.

Diese Harmonie zu verwirklichen, das lehrt uns die Meditation. Viel Leid und Elend beruht auf diesem mangelnden Gleichgewicht. Lebensglück, Gesundheit und Frieden wurden immer schon durch Maßlosigkeit auf der einen Seite oder durch Mangel auf der anderen zerstört. Machen wir uns frei davon, lernen wir zu meditieren. Gehen wir nach innen und erfahren uns in unserem Ursprung, dem liebevollen Wesen in uns. Unser Leben gibt uns eine wunderbare Gelegenheit. Nur als Menschen können wir lernen und erkennen, daß wir nicht nur Körper, sondern auch geistige Wesen sind. Und dieses sich selbst finden, heißt für uns nicht, etwas verlassen zu müssen, etwa die Familie, den Partner, Freunde, den Beruf oder andere liebgewordene Dinge. Das ist für unseren Weg nach innen nicht nötig. Denn wir sind in eine Familie, eine Gemeinschaft oder Gesellschaft hineingeboren und wir haben Pflichten gegenüber dieser Gemeinschaft. Mit Hilfe der Meditation bekommen wir in allem einen Zugewinn. Sie ist es, die für Harmonie sorgt, die unsere Erkenntnisse erweitert und unsere Seele nährt.

Wenn wir uns über das Körperbewußtsein erheben, dann gewinnen wir Selbsterkenntnis und sehen ganz deutlich, daß alles Geist ist, daß alles, was ist, aus einem gleichen Wesen ist. Aus der Urkraft, dem Leben selbst, sind wir hervorgegangen und tragen in den Tiefen unserer Seele unser wahres Selbst, den göttlichen Wesenskern, den reinen Geist. Nur über ihn empfangen wir die heilenden Strahlen, die wärmende Kraft der Liebe und nur in der Stille der Meditation wird uns das zuteil. Nach und nach werden wir in unserer Meditationspraxis – durch den Kontakt mit unserem wahren Selbst – Erkenntnisse sammeln, unsere Aufgabe erkennen und jeden Augenblick nutzen, um uns zu verwirklichen.

Mit diesem Wissen werden wir dann einander besser verstehen, werden in unserer Wortwahl sorgfältiger sein, werden Frieden halten und niemanden mehr verletzen wollen, denn dann wissen wir: „Ich bin, das bist Du!“

Wie wir meditieren wollen – die Praxis

Ruhe, Frieden und Harmonie in
Körper – Geist und Seele
– das wollen wir erreichen.
Die Voraussetzungen dafür sind:
Körperliche Entspannung und
sich sammeln im
Atemrhythmus.
Mit Hilfe des Atemstromes, Gedanken und
Wünsche, alles was das
Gehirn bewegt – loslassen –
bereitwillig alles
Bedrückende abgeben,
sich freimachen
von Sorgen und Problemen.
Mit jedem Atemzug uns Schadendes,
Negatives ausatmen und
loslassen
und die positiven
Lebenskräfte einatmen
und aufnehmen.

So werden wir stiller und friedvoller und finden auch zur inneren Ruhe und Gelassenheit. Das Unruhige, Störende, Negative erreicht uns nicht mehr, weil wir es nicht mehr in uns zulassen.

Für den Anfänger sind diese Dinge besonders wichtig, denn sie erleichtern den Zugang zum Inneren. Sie machen ihn frei von der Abhängigkeit negativen und ich-bezogenen Denkens.

Je mehr wir unser Körpergefäß von allem Unreinen (negativen Gedankenmustern) leeren, desto eher werden alle Sorgen, Ängste und Unruhe verschwinden. Der reine geistige Kraftstrom, der während der Meditation in die Seele einströmt, wird nicht mehr blockiert und kann seine Heilkraft in uns entfalten. Das Freiwerden von Spannungen, Gedanken und Gefühlen ist die Voraussetzung für das Einströmen des heilenden geistigen Kraftstromes und für das Erkennen unseres Platzes in der Schöpfung.

Wenn wir aber zu meditieren beginnen, erleben wir oft unwillkürlich immer wieder Situationen der Konfrontation mit der eigenen Vergangenheit, und ganz allgemein ist uns das unangenehm.

Erinnerungen an sogenannte alte Sünden wachen wieder auf, beispielsweise Fehlverhalten, das zu großer Schuld führte, Lieblosigkeit, Zynismus bis hin zur Grausamkeit. Worte, die andere leiden lassen. Grob gesagt: „Wir pflegen ein häßliches Wesen in uns“ (den sogenannten inneren Schweinehund).

Waren wir nicht froh, daß wir alles verdrängt und es endlich vergessen hatten? Und nun kommt es wieder hoch und schafft erneut Unruhe und ein schlechtes Gewissen?

Für viele ist dann der Meditationsweg erst einmal zu Ende. Oder sie verändern die Meditation in eine Autosuggestion oder Selbsthypnose, um Gemüt und Unterbewußtsein umzuerziehen. Auf diese Weise unterbleibt zwar die unangenehme Konfrontation mit den Fehlern der eigenen Vergangenheit, aber es gibt auch keine Befreiung von dem alten Schmutz in uns und die selbstgeschaffenen Begrenzungen bleiben.

Der Sinn unserer Meditation ist aber ein anderer. Unsere Seele will sich reinigen, will Dinge loslassen, die sie in ihrer Entwicklung behindern. In die Seele eines Menschen kann nur dann Frieden einziehen, wenn Gefühle geklärt sind, wenn man mit sich und mit den anderen im „Reinen“ ist. Und nur dann kann geschehen, was das Ziel einer jeden Meditation ist.

Die Erfahrung zu machen, daß das ‚Ich bin‘ in uns ist, und in der Begegnung mit dem allesdurchströmenden geistigen Leben, Frieden und zugleich Heil und Heilung zu finden, das ist es, wonach wir suchen, und darum meditieren wir.

Wir müssen also doch zuvor von unseren alten Schulden, Versäumnissen und unserem falschen Verhalten unserem Nächsten gegenüber frei werden. Dabei genügt ein bloßes Abbitte leisten, ein flüchtiges „Entschuldigung“ nicht. Der Wunsch, sich zu ändern, und das Bereuen müssen aus dem Herzen kommen. Es ist ebensoviel Gefühl dafür nötig, etwas als falsch Erkanntes auf immer loszulassen, wie auch intensives Gefühl nötig war, um in uns wachsen zu können, wobei es uns letztlich doch nur leiden läßt – in Form von Krankheit oder wie auch immer.

Loslassen, das ist nun das Zauberwort. Aber wohin kann ich es loslassen? Wie kann ich wirklich vergeben – oder wird mir vergeben? Alles, was von mir in Gedanken und Gefühlen ausgeht, bleibt doch irgendwo als negative Energie im Raum, und wartet darauf, mich wieder schwach zu finden, um mich erneut zu besitzen.

Wir haben nun eine wunderbare Hilfe bekommen. Es gibt den „inneren Arzt und Heiler“ in uns – unser Wahres Ich –, das unendliche Wesen mit einem unbegrenzten Kraftvorrat.

Es ist der Christus in mir. Seinem heilenden geistigen Kraftstrom kann ich alles anvertrauen. Er allein hat die Kraft und Macht, alles Kranke und Negative – durch allzu unbedachtes Denken und Handeln von mir verursacht – in strahlende Gesundheit und Harmonie umzuwandeln.

Der Ursprung dieses Kraftstromes ist seine Quelle in unserem Herzen.

Hier hinein kann ich alles loslassen, was mich bedrückt und krank macht. Auch Heilungswünsche oder eine Bitte um Segen für einen anderen Menschen kann ich an diese unendliche Quelle richten.

Mit unserer Meditationspraxis lernen wir, uns diesem

umwandelnden, reinen, geistigen Kraftstrom zu öffnen, und wir können sicher sein, daß unsere Sehnsucht nach innerer Erfüllung gestillt wird.

Nützliche Hinweise zum Meditationsablauf

Wann, wie, wo und wie oft sollte geübt werden?

Wann?: Wenn es unser Tagesablauf gestattet, morgens nach dem Aufstehen und in den Abendstunden. Sobald die Freude an den Meditationsübungen geweckt ist, wird man feststellen, daß sich ein normaler Tagesrhythmus entwickelt, in dem die Meditation ihren festen Platz behalten wird.

Wie?: Sich alle Meditationen langsam vorlesen in 14 tägigem Wechsel.

Tip: Sich die zum Buch passende Meditationspraxis-Cassette kaufen.

Wo?: An einem ruhigen, warmen Ort in der Wohnung oder, wenn sich die Gelegenheit bietet, im Freien, trotz eventueller Störungen durch Insekten oder Umweltgeräusche. Diese Nachteile werden durch die frische Luft und das Gefühl, mit der Natur verbunden zu sein, aufgehoben.

Wie oft?: Täglich, trotz der oft knapp bemessenen Freizeit die innere Einstellung aufbringen: „Jetzt habe ich Zeit zur Meditation".

Vorbereitung:

Jede Form von Spannung und Verkrampfung löst Unruhe aus und behindert die Meditation.

Wir wollen lernen, so abzuschalten, daß uns nichts stört, was aus der Außenwelt verspürt oder wahrgenommen wird. Dazu verhilft uns eine kleine Sammlungs-Übung, die uns körperlich entspannt und das Sitzen erleichtert, eine Konzentrations-Übung, die unseren Geist sammelt und der Atemschlüssel, der uns von unerwünschten Gefühlen reinigt, und eine kleine Bitte um Schutz und inneren Frieden vervollständigt unsere Vorbereitung zur eigentlichen Meditation.

Durchführung:

Ohne Zeitzwang, einfach nur so lange sitzen, wie wir wach und aufmerksam bleiben können. Sollten wir zu große Unruhe verspüren oder der Rücken oder die Beine zu sehr schmerzen, dann sollten wir die Meditation beenden.

Nicht abrupt abbrechen, sondern sich noch so viel Zeit geben, daß man noch einige Minuten ruhen kann.

Nachruhe:

In dieser Nachruhe finden wir die innere Gelassenheit, die es uns leicht macht, unsere Probleme zu lösen oder sich über Gedanken und Gefühle klar zu werden, zum Beispiel Ziele klar zu erkennen: „Was gibt meinem Leben Sinn?" oder Partnerbeziehungen zu klären: „Was kann ich zur Harmonisierung tun?" oder Generationskonflikte zu lösen: „Wie kann ich mein Kind besser verstehen?"

Ängste und Depressionen verschwinden von ganz allein, wenn ich mir ernsthaft überlege: „Wem kann ich heute eine Freude machen?"

Erkennen wir in aller Ruhe, was wir tun können, und dann erinnern wir uns, daß wir ein geistiges, freies Wesen sind, mit einer wunderbaren inneren Führung, der wir alles anvertrauen können. Mit dieser Verbindung löst sich alles für uns auf eine wunderbare, positive Weise.

Das aufrechte Sitzen leicht gemacht durch die Druckpunkt-Methode

Da es nicht gleichgültig ist, welche Haltung der Körper während der Meditation hat, sollte vor Beginn der Meditation das aufrechte Sitzen geübt werden, damit der Körper über einen längeren Zeitraum aufrecht gehalten werden kann. Das Liegen in der Rückenlage ist wenig sinnvoll, da die Bereitschaft, während der Meditations-Übung einzuschlafen, sehr groß ist. Wir sollten deshalb einen Sitz wählen, der hoch genug ist, so daß wir längere Zeit schmerzfrei sitzen können. Wenn wir äußerlich aufgerichtet sind, ist auch die innere Wach- und Empfangsbereitschaft groß.

Bei schmerzenden Gelenken können wir auch auf einem Stuhl Platz nehmen, eventuell mit einem kleinen Kissen als Unterlage. Wenn wir jeden Tag einige Minuten das aufrechte Sitzen üben, wird der Körper bald elastischer und wir können uns dann auch auf dem Boden sitzend wohlfühlen. Einige Hinweise zur Sitzhaltung sollten noch beachtet werden.

Zur entspannten Haltung gehört, daß die Knie tiefer liegen als die Hüften. Eine hohe, feste Sitzunterlage, beispielsweise eine zusammengerollte Decke oder ein kleines, festes Kissen, erleichtert uns zunächst unsere Sitzübung auf dem Boden. Wenn wir den Stuhl vorziehen, können wir, wenn unsere Füße den Boden nicht berühren sollen, auch mit Hilfe der zusammengerollten Decke unsere Beine bequemer aufstellen. Die Knie öffnen wir hüftbreit und die Unterschenkel halten wir senkrecht unter den Oberschenkeln.

Ab und zu wird vielleicht auch mal ein Bein einschlafen. Ohne die Übung zu stören, können wir dann die Sitzhaltung etwas verändern oder ein Bein ausstrecken. Es kann aber auch daran liegen, daß die Kleidung nicht bequem genug ist. Wenn wir längere Zeit geübt haben, finden wir selbst heraus, was uns gut tut.

Die Methode

Ein von mir entwickeltes Bewegungsprogramm (ausführlich erklärt in der Broschüre meines Cassettenprogramms:

„Wirbelsäulengymnastik für jedermann“) verhilft uns in kürzester Zeit zu einer aufrechten Körperhaltung, die automatisch auch eine vertiefte Atmung bewirkt. Diese Methode bedient sich der Muskelfunktionsreize. Durch sie richtet sich der Körper über den Einsatz unserer Füße und Hände reflexmäßig auf. Diesen Streckreflex nutzen wir aus, um eine aufrechte Körperhaltung zu bekommen. Beibehalten können wir die gewonnene Haltung nur durch bewußt langsame Muskelentspannung.

Die Übung

Für unsere Übung sitzen wir auf dem vorderen Teil der Sitzfläche eines Hockers oder eines Stuhles. Unsere Füße stehen fest auf dem Boden, mit einem Zwischenraum, der der Breite unserer Hüften entspricht. Unsere Hände ruhen locker auf den Oberschenkeln. Wir geben nun gleichzeitig mit beiden Füßen einen leichten Druck nach vorn zum Boden. Diese Spannung bitte nicht lösen, sie richtet nun ganz von allein unser Becken auf. Die Bauchmuskeln werden fest und der Rücken streckt sich.

Wenn wir die Beinspannung noch gehalten haben, hat sich auch unser Brustkorb befreiend gehoben, die Schultern haben sich leicht zurückgezogen, sich entspannt gesenkt und unser Kopf hat eine aufrechte Haltung bekommen. Der Nacken und die Halswirbelsäule fühlen sich leicht an, sind zu normaler Länge entspannt. Ist uns diese Aufrichtung nicht bewußt geworden, brauchen wir jetzt nur einmal rasch die Spannung insgesamt zu lösen und wir erfahren ein sofortiges Zusammensacken unserer Körperhaltung. Nun wollen wir noch einmal aufbauen und das Beibehalten dieser Haltung üben.

Mit beiden Füßen nun gleichzeitig Druck zum Boden geben, die Spannung erhalten, damit sich das Becken aufrichtet, die Bauchwand zurückzieht und der Rücken gestreckt wird. Mit etwas Geduld und Aufmerksamkeit auch die Aufrichtung des Brustkorbs abwarten. Dann spüren wir die Entspannung in den Schultern und auch die freie Kopfhaltung wird uns nun bewußt.

Langsam, ohne die gewonnene Größe abzugeben, die Spannung in der Muskulatur lösen, dabei achten wir besonders auf unsere Beine. Becken und Rücken bleiben gerade aufgerichtet.

Wenn wir nun ein paar ruhige Atemzüge lang unsere Augen schließen, das Gesicht entspannen und unsere Aufmerksamkeit auf unsere Atmung lenken, dann können wir spüren, wie leicht und frei es nun in uns atmet. Bleiben wir eine kleine Weile so mit unserem Atemvorgang verbunden, und wir werden Ruhe und Gelassenheit spüren.

Wenn wir es vorziehen, auf dem Boden zu sitzen, wählen wir aus den beiden im folgenden beschriebenen Sitzhaltungen die aus, die uns am leichtesten fällt.

Zwei verschiedene Sitzhaltungen

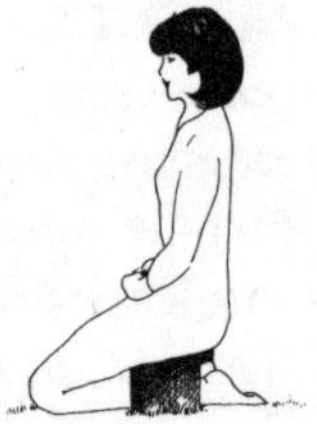

Sitzhaltung 1: Der Fersensitz

Ausführung:

Aus dem Kniestand sich vorsichtig nach hinten auf die Fersen setzen. Bei schmerzenden Gelenken eine Erhöhung für das Gesäß nehmen.

Tip: Leichter Kniedruck zum Boden richtet das Becken auf, strafft die Bauchwand und verhindert ein Hohlkreuz.

Sitzhaltung 2: Der Schneidersitz

Ausführung:

Sitzhaltung mit gekreuzten Beinen.

Tip: Leichter Fußkantendruck zum Boden und eine leichte Gesäßspannung richten das Becken auf.

Geschickte können sich auch aus drei Brettern ein kleines Fußbänkchen mit abgeschrägter Sitzfläche bauen.

Einzelbild vom Bänkchen:

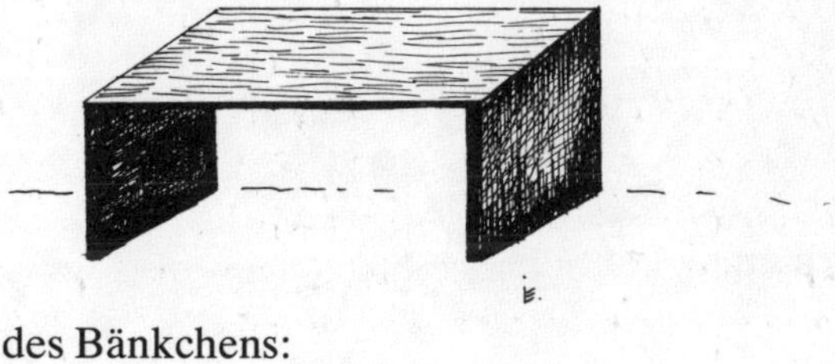

Die Maße des Bänkchens:

Länge: 37 cm
Breite: 18 cm
vordere Höhe: 15 cm
hintere Höhe: 18 cm
(Die Maße des Bänkchens sollten Sie auf Ihre Körpergröße abstimmen.)

Sie können sich wie im Fersensitz auf das Bänkchen setzen; die niedrigere Seite ist vorne.

Tip: Ein kleines, festes, dickes Kissen selber nähen und mit Kapok (Baumwolle) ausstopfen.
Die Form kann rechteckig oder rund sein und sollte eine Höhe von mind. 10 cm haben.

Tip: Bei längerer Sitztätigkeit, beispielsweise am Arbeitsplatz, dieses Kissen auch als Sitzunterlage zusätzlich auf einem Stuhl nutzen.
Das Kissen wird dann auf die Stuhlsitzmitte gelegt, oder, je nach Tätigkeit, auf das hintere Stuhlsitzdrittel.
Dann setzt man sich auf die vordere Sitzfläche des Kissens. Auf diese Weise erhalten wir eine gute Stützung des Rükkens und eine aufrechte Körperhaltung.

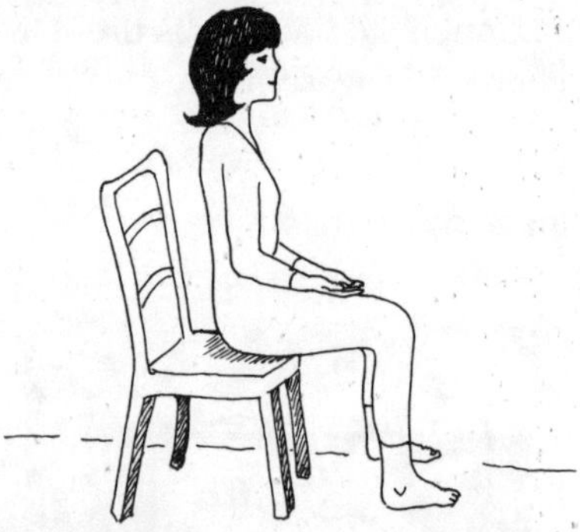

Sitzhaltung mit Stuhlkissen

Konzentrations- und Besinnungsübung

Die folgende Konzentrationsübung schult unsere Aufmerksamkeit und Wachheit für die inneren Vorgänge. Es wird ein tiefer körperlicher und geistiger Entspannungszustand erreicht, der in eine Meditation einmünden kann.

Wir nehmen nun eine entspannte, aber aufrechte Sitzhaltung ein, um uns die Übung erst einmal durchzulesen. (Auf den zum Buch passenden Cassetten ist diese Übung auch zu hören.)

Zur besseren inneren Wachheit gehört nun einmal die Sitzhaltung mit gerader, aufgerichteter Wirbelsäule und geradegehaltenem Kopf.

Nun richten wir die Aufmerksamkeit auf den Körper.

Zuerst spannen wir die Beine an, drücken die Füße fest gegen den Boden und halten die Spannung.

Nun lassen wir langsam die Spannung in den Beinen los und lösen auch den Druck der Füße zum Boden, ohne sie jedoch abzuheben.

Wenn wir jetzt auf die Atmung achten, zeigt uns das erleichterte Aufatmen – tief aus dem Bauch kommend – an, wie erleichtert der Körper über die Entspannung ist.

Nun spannen wir die Gesäß- und Bauchmuskeln an, ziehen die Bauchwand zurück und richten zuerst das Becken und dann den Brustkorb auf, die Schultern fallen leicht zurück. Jetzt lassen wir langsam die Spannungen wieder los. Wir sind darauf bedacht, die gewonnene Rückenlänge auch mit entspannter Rücken- und Bauchmuskulatur zu erhalten.

Ein befreites Aufatmen sagt uns: „Ja, ich sitze angenehm entspannt und gut aufgerichtet."

Nun spannen wir unsere Arme an, drücken die Schultern nach hinten und pressen die Schulterblätter zusammen. Wir ziehen den Kopf mit dem Kinn weit nach vorn zur Brust. Das dehnt den Nacken und befreit von Stauungen. Nun lassen wir langsam die Spannungen wieder los, ohne die aufgerichtete Haltung zu verlieren.

Der Kopf wird angehoben und bleibt in gerader Haltung auf den entspannten Schultern. Nun richten wir die Aufmerksamkeit auf unser Gesicht.

Wir pressen die Lippen zusammen, spüren dabei die

Spannung in unseren Kiefergelenken und lassen ganz langsam die Spannung wieder los. Auch in den übrigen Körpergelenken lösen sich nun die Spannungen.

Nun ziehen wir die Nase kraus (gerümpfte Nase) und drücken auch unsere Augen fest zusammen. Dann lassen wir langsam die Spannungen wieder los. Wenn wir sehr aufmerksam sind, spüren wir auch die Entspannung in den Nacken- und Schultermuskeln.

Nun legen wir ganz bewußt die Stirn in die bekannten „Sorgenfalten". Dann lassen wir sie wieder ganz glatt werden.

Unser Gesicht ist nun entspannt. Alles ist weich und lokker geworden. Nun schenken wir uns noch ein freundliches Lächeln, wobei wir den Unterkiefer und die Lippen nicht einbeziehen. Wir denken dabei an ein Lächeln der Augen. Wenn wir nun noch die Augen schließen, können wir dieses Lächeln auch nach innen strahlen lassen. Unsere Atmung beruhigt sich immer mehr und jetzt können wir uns sagen: „Ja, ich habe mich entspannt, mein Atem ist ruhig und gelassen, ich fühle mich wohl."

Ruhevolle Gelassenheit breitet sich nun aus – im Kopf, in der Kehle, im Brustkorb und im Bauch- und Beckenraum.

Nun spüren wir der uns bewegenden Atemwelle nach. Nehmen wir uns dafür Zeit. Lassen wir den Atem kommen und gehen, und warten wir in Ruhe ab, wie es in uns atmet. In der Tiefe des Leibes spüren wir, wie die Ausatmung hier endet, und – in der kleinen Atempause danach – die Einatmung ihren Anfang nimmt.

Atmen ist Leben, und hier unten im Beckenraum ist die Kraftquelle des Lebens. Versuchen wir nicht den Rhythmus zu lenken. Lassen wir uns abwartend von ihm tragen – immer wieder im Bauch- und Beckenraum, die Umkehrung des Atems abwarten und das damit verbundene sanfte Heben (Einatmung) und Senken (Ausatmung) der Bauchdecke erspüren.

Ein Gefühl des Weich- und Weitwerdens stellt sich ein. Im Ausatmen erleben wir das Loslassen von Spannungen und im Einatmen das Aufnehmen von positiven Lebenskräften.

Es wird uns nun bewußt, daß Ausatmen immer zugleich loslassen heißt. Loslassen von etwas, was uns schaden würde, wenn wir es festhielten. Alle aufgenommenen Gifte und Schlackenstoffe lassen wir los, atmen wir aus. Auch alle Sorgen, uns Bedrückendes und Belastendes lassen wir los, geben wir nun frei. Frei werden wir nun für die frische, kühle Kraftströmung der Einatmung, die uns einerseits den Sauerstoff, die Nahrung für unseren Zellenstaat, mitbringt und andererseits die kostbare Lebensenergie trägt, die uns überhaupt erst leben läßt.

Bleiben wir nun noch eine geruhsame Weile in dieser entspannten Haltung und genießen die angenehme Ruhe in uns.

Wenn wir diese Übung beenden wollen, tun wir es ganz behutsam: Strecken, dehnen und räkeln wir uns gründlich, gähnen wir herzhaft. Jetzt, da wir wissen, wie einfach es eigentlich ist, durch tiefes, ruhiges Atmen innere Ruhe und Frieden zu finden, können wir uns dem Alltag wieder zuwenden.

Wir wollen uns vornehmen, ab jetzt bei allem, was wir tun, ein wenig aufmerksamer zu sein. Nur so können wir erspüren, daß Leib und Seele eine ganz enge Verbindung haben, daß jeder Gedanke Kräfte, ja Vorgänge in unserem Inneren erweckt.

In der Meditation haben wir die Möglichkeit, uns zum Positiven hin zu verändern. Das heißt, wir werden nur noch den Gedanken Raum in unserem Inneren geben, die von Harmonie, Ruhe, Gelassenheit, Liebe, Freude, Glück und Erfolg handeln. Wir werden uns darüber bewußt sein, daß unserer Seele durch diese Gedanken die Kraft zuströmt, die für die Harmonie und das Leben des Körpers verantwortlich ist.

Entspannen und Loslassen

Die körperliche Entspannung ist gerade für den Anfänger besonders wichtig. Sie begünstigt das Abschalten der äußeren Welt und das Anschalten der inneren.

Später wird es nicht mehr nötig sein, für die körperliche Entspannung überhaupt Zeit aufzuwenden, denn die innere Einstellung: „Jetzt ist die Zeit für meine Meditation" bringt die sofortige Entspannung für den Körper. Damit ist auch schon ein geistiges Loslassen verbunden, ein Loslassen von Gedanken und Gefühlen, die mit den Dingen der äußeren Welt unseres Alltags verbunden sind.

Ob wir nun in einer Sitzhaltung oder in der Rückenlage meditieren wollen, die Entspannung ist der erste Schritt. Versuchen wir es auf diese Weise.

Die Muskelentspannung in Kurzfassung:
* kräftiges Anspannen der Beine, der Arme, nun des ganzen Körpers,
* sich der Spannung bewußt werden und anhalten,
* bewußt langsames Loslassen der Spannung,
* ein erleichtertes Aufatmen des Körpers zeigt die Entspannung an.

Zum Schluß spannen wir die Gesichtsmuskeln an, das heißt, wir ziehen unser Gesicht ganz klein zusammen:

- Stirn krausen,
- Augen fest zudrücken,
- Nase rümpfen,
- Mund spitzen,

anschließend das Gesicht glatt nach hinten – faltenlos zur Kopfhaut – dehnen (die Dehnung erhalten, denn sie vertieft die Atmung). Die Augen sind dabei geschlossen.

Wir spüren nun:
* Eine glatte, breite Stirn.
* Große, jedoch geschlossene Augen, die sich im Nasen-

wurzelpunkt sammeln, die Schläfen und äußeren Augenwinkel sind leicht vergrößert.

* Ein freundliches Lächeln liegt auf unserem Gesicht.
* Unser Unterkiefer ist locker, die Lippen liegen weich und voll aufeinander und unsere Zunge liegt locker hinten im Mund.
* Die Halsgrube ist weich und unsere Kehle ist ganz entspannt.

Eine sehr leichte und angenehme Atmung wird sich nun eingestellt haben. Wir empfinden sie tief unten im Bauchraum. Ein leichtes Vorwölben der Bauchdecke, während es einatmet, und ein leichtes Zurückziehen der Bauchdekke, während es ausatmet, wir tun nichts dazu, es ist ein ganz passives, lockeres Kommen und Gehen der Atmung – ein Einlassen und wieder Loslassen, ein Aufnehmen und wieder Abgeben.

Wenn wir einige Zeit aufmerksam diesen wunderbaren, mit Ruhe erfüllten Atemzügen zuschauen, werden wir schon eine positive Veränderung in uns feststellen können. Ruhe und Gelassenheit sind dann keine Fremdworte mehr.

Zwei Konzentrationsübungen

1. Aufmerksamkeit schulen: „Spiegel-Übung".
2. Verfeinern der Sinne: Sehen und Hören des Licht- und Tonstromes.

Konzentrations-Übung 1:

Spiegel-Übung

1–3 Minuten vor einem Spiegel sitzen bleiben, die Hände am Hinterkopf falten und sich mit unbewegten Gesichtszügen anschauen. Es ruhig in sich atmen lassen, anschließend sich ganz bequem hinsetzen und alle Muskeln locker lassen, entspannen, dann schauen wir auf einen Punkt im Raum, fixieren ihn und atmen dabei ganz natürlich. Aufkommende Gedanken nicht verdrängen, sie kommen und gehen lassen. Nach weiteren 5 Minuten mehrmals tief und kräftig ein- und ausatmen; dabei bejahen wir unsere Konzentrationsfähigkeit: „Ja, ich kann mich in Ruhe sammeln – und ich kann mich auf eine Sache konzentrieren."

Tip: Mit einer Minute vor dem Spiegel beginnen.

Konzentrations-Übung 2:

Verfeinern der Sinne, um den Licht- und Tonstrom in uns sehen und hören zu können.

Diese Übung schult unsere Aufmerksamkeit in ganz besonderem Maße.

Wir üben in der Sitzhaltung, denn wenn wir liegen, schlafen wir leicht ein. Die Augen schließen wir ganz sanft und lassen es ganz ruhig in uns atmen.

Zuerst richten wir unsere Aufmerksamkeit auf unsere Ohren und hören auf die Töne, die von außen kommen: Straßenlärm – Kinder – Tierlaute etc. ...

Dann lauschen wir aufmerksam und mit viel Geduld nach innen und horchen auf die oberen Bereiche unseres Gehirns.

Ein Ton, der Grundton der Schöpfung, wird nach einiger Zeit zu hören sein. Er ist sehr schwer zu beschreiben. Ein sehr feines Zirpen oder ein feiner Klang mit einem darunter liegenden, alles durchdringenden vollen Ton. Jeder Mensch, jede Seele hat ihren eigenen Ton, den sie, wenn sie inständig lauscht, hören kann.

Wenn wir ihn hören, verweilen wir wach und sehr aufmerksam.

Vom Nasenwurzelpunkt ausgehend wird sich nach einiger Zeit ein helles, leuchtendes Lichtfeld ausbreiten. Wenn dies geschieht, dann verbinden sich das Licht und der Ton zu einem Ganzen, und wir gelangen in eine hohe, gesunde, harmonische Schwingung.

Die Wort-Meditation

„Im Anfang war das Wort und das Wort war bei Gott ...“. So beginnt das Johannes-Evangelium.

Jedes Wort, jeder Gedanke von uns in Worte gefaßt, weckt bestimmte Gefühle, Kräfte, ja Vorgänge in unserem Inneren.

Kränkende, schmähende, harte Worte lassen uns leiden und zerstören unsere Gesundheit, machen uns ungerecht und böse. Wenn wir dagegen gute, belebende Worte hören, lesen oder denken, werden in uns Kräfte frei, die uns gesunden lassen – und uns Harmonie bringen.

Unser Alltag ist voll von Gedanken und Worten, die völlig unkontrolliert in unser Inneres strömen, von dort auf uns wirken und Gefühle erzeugen. Sie sind es, die eigentlich unser Leben beherrschen, denn jeder Gedanke, der uns irgendwie bewegt, baut mit an unserem Lebensalltag, wird auf unseren äußeren Lebensrahmen Einfluß haben.

Eine kleine Beobachtungs-Übung macht uns deutlich, was sich an guten, aufbauenden oder an für uns negativen Gedanken in uns tummelt.

Egal an welchem Ort, zu welcher Stunde und bei welcher Tätigkeit wir uns gerade befinden; wir können immer einen Augenblick innehalten, unsere Augen schließen, das Gesicht entspannen und aufmerksam in unseren Gedankenstrom hineinschauen.

Geben wir ihnen doch einmal ein Werturteil, wie beispielsweise „positiv aufbauend, schön, wertvoll“ oder „negativ, deprimierend, zersetzend“ ...

Wir werden ganz erschreckt schon nach wenigen Augenblicken feststellen, daß die negativen Gedanken überwiegen.

Weise Menschen werden deshalb nur denjenigen Gedanken Raum in ihrem Inneren geben, die von Liebe, Freude, Güte, Geduld etc. handeln. Sie sind sich dessen bewußt, daß ihre Seele mit diesen Gedanken die Kraft erhält, die für die Harmonie in ihrem Leben verantwortlich ist.

Auf diese Weise können auch wir unser Schicksal meistern.

Die Wortmeditation, Mantram ist der Fachausdruck dafür, kann uns in besonderer Weise helfen, unter der Kontrolle unseres Bewußtseins diese selbsttätigen Kräfte in eine von uns bestimmte Richtung zu lenken.

Welches Wort wählt man nun, denn jedes Wort weckt ja andere Kräfte in uns.

Fragen wir uns zunächst, was wir eigentlich wollen, und dann wählen wir das Wort aus.

Was möchten wir in unserem Leben verändern? Fehlt es uns an Liebe, an Geduld, an Geborgenheit oder an Gesundheit?

Werden wir uns in aller Ruhe darüber klar, was wir wollen.

Worte, wie Ruhe, Freude, Liebe und Harmonie haben eine große Ausstrahlung und wirken aufbauend und wohltuend auf uns ein. Wer die Liebe Gottes und zugleich Sein Wesen in sich wachrufen möchte, wählt das „Ich bin".

Denn Er ist es, der als „Ich bin" in uns tätig ist, und nur durch Ihn und mit Ihm und in Ihm werden wir alles finden, wonach wir uns sehnen.

Wer diese Meditationsform wählt und ein paar Wochen lang täglich mindestens 10–15 Minuten eines dieser Worte in seinem Herzen bewegt, wird bald eine Veränderung in sich spüren. Eine Veränderung, die sich auf alle Lebensbereiche positiv verändernd, wohltuend und harmonisierend auswirken wird.

Die Bild-Meditation

Manchmal starren wir, wenn wir nach einer Idee suchen und uns gerade nichts einfällt, auf eine Wand oder wir schauen gedankenverloren zum Fenster heraus. Damit regen wir unsere Intuition an, und es wird uns etwas einfallen. Schon dieses gedankenverlorene Schauen könnte man als eine Bildmeditation betrachten.

Sie ist ein Vorgang, bei welchem keine Gedanken in uns bewegt werden, sondern ein Bild. Dieses kann körperlich mit unseren äußeren Augen betrachtet werden oder wir lassen dieses Bild vor unseren Augen entstehen.

Auf jeden Fall wollen wir ein Bild wählen, das in der Tiefe unserer Seele auf eine für uns positive und aufbauende Weise wirkt.

Denn die einmal erweckten Kräfte streben dann in unserem Lebensalltag nach ihrer Verwirklichung. Wenn wir diese Zusammenhänge begreifen, hängen wir nicht mehr irgendein Bild auf. Wir werden danach trachten, unser Umfeld harmonisch zu gestalten, immer so, daß es uns belebt und uns Freude bringt.

Vor der Übung fragen wir uns wieder, was wir wollen, was wichtig für uns ist, was wir als unser Lebensziel sehen und erreichen möchten.

Dann wählen wir das Bild aus, das uns Harmonie, Ruhe und Kraft vermitteln soll. Wir stellen uns den Ort vor, an dem wir Ruhe und Frieden finden. Dann lassen wir diesen Ort in uns lebendig werden. Wir wissen, daß wir nur hier die Antwort auf alle uns bewegenden Fragen finden. Auch ein Bild von Christus ist von großer Kraft und Ausstrahlung und hilft uns, uns und unsere Mitmenschen zu verstehen, ja, sie zu lieben.

Nur eines ist nötig: Geduld und Ausdauer. Von heute auf morgen wird nichts zu erringen sein, werden sich keine Erfolge einstellen.

In jeder Meditation geht eine völlige geistig-seelische Umwandlung vor sich, und diese verlangt Ausdauer und Geduld.

Geduld und Sieg sind zwei alte Freunde, wohin sich die Geduld ergibt, da folgt ihr auch der Sieg, das sagte der persische Dichter Hafis.

Die Sender- und Empfänger-Übung

Die Sender- und Empfängerübung schützt unsere Seele und richtet das Ich auf. Uns wird es vielleicht ein wenig lächerlich erscheinen, daß wir in unsere Gedanken alle großen, weisen Menschen liebevoll mit einschließen, ihnen Grüße und gute Wünsche zukommen lassen sollen. Sie haben doch längst ihren Erfolg und ihre Anerkennung.

Seit Jahrtausenden ist bekannt, daß nicht nur Krankheit ansteckend ist, sondern auch Erfolg und Gesundheit. Große Menschen können im wahrsten Sinne des Wortes begeistern. Von ihnen geht eine Kraft und Stärke aus, die viele Menschen mitreißt. Wir ahnen, daß in solchen Menschen ein großer Geist steckt – und wir wünschen uns, daran teilhaben zu können. Darin liegt jedoch eine große Gefahr. Denn meistens wissen wir nicht, wem und welchen Kräften wir uns da öffnen. Noch unfähig zu unterscheiden, was für uns gut und was schlecht ist, laufen wir dann vielleicht falschen Geistern nach, die uns in erhebliche Schwierigkeiten bringen können, die dann nicht selten genug unseren Geist verwirren. Wir müssen wissen, daß wir in der Tiefenmeditation die inneren Kräfte ansprechen, damit sie in uns aktiv werden und uns dem höheren Bewußtsein öffnen.

Wenn wir nur meditieren, um materielle Ziele zu erreichen, beispielsweise Erfolg im öffentlichen Leben und eine gut gefüllte Brieftasche, dann gehen wir am eigentlichen Ziel vorbei. Was nützen uns Geld und öffentliche

Anerkennung, wenn wir im Herzen krank sind und unsere innere Sehnsucht, zu erkennen, wer wir wirklich sind, nicht gestillt werden kann. Unruhe und Angst werden dann unsere Begleiter sein und machen uns negativ, passiv und empfänglich für Fremdgedanken.

Wir werden unfrei, das Wertvollste, was wir besitzen, die Kraft unseres Wesens und unser Widerstandsvermögen versiegen. Wir werden krank an Leib und Seele. Das braucht nicht zu sein. Fremdeinflüsse sind Schatten, die von selbst verschwinden, wenn wir uns daran erinnern, wer wir im eigentlichen sind. So wie der Körper Abwehrkräfte bildet – gegen eindringende Bakterien und Gifte – so haben wir auch Seelenkräfte, die schädigende Einflüsse abwehren. Wir unterscheiden eine aktive und passive Immunisierung. Im Bereich des Körperlichen je nachdem, ob die Schutzstoffe vom Körper selbst gebildet oder von außen verabreicht werden. Die seelische Immunisierung wird entweder durch die meditative Besinnung auf die Kraft des geistigen Wesens in uns erreicht, oder durch positive Denkschulung, die von außen einwirkt. Dazu gehören auch das Gebet, das Lesen von aufbauenden Büchern sowie psychotherapeutische Hilfen.

Wenn wir uns abends und morgens auf uns selbst besinnen, dann bitten wir die uns innewohnenden Kräfte, uns zu helfen. Wir bejahen sie mit den Worten:
„Die Kraft ist in mir."
„Der Geist des Lebens in meinem Herzen macht mich frei und stark!"

Jetzt verstehen wir, daß die tiefgedankliche Verbindung zu großen Vorbildern, wenn wir jetzt zum Beispiel an Christus denken, in uns eine wunderbare Welle der Liebe zu allen Wesen auslöst, sie uns den Menschen näher bringt und in uns die Bereitschaft weckt, helfen zu wollen. In jedem Augenblick unseres Lebens liegt schon die harmonische Zukunft für uns begründet, wenn wir uns auf die innere Kraft besinnen und uns mit positiven Gedanken erfüllen.

Es hängt allein von unseren Gedanken ab, ob wir in Frieden und harmonischem Miteinander leben. Positive, gesunde Gedanken – die Überzeugung, ein liebenswerter Mensch zu sein, sind die Ursachen von Glück, Gesundheit und Harmonie in unserem Alltagsleben; negative Gedanken wie mangelndes Selbstwertgefühl und Schuldkomplexe, sind die Ursache von Krankheit, Enttäuschung und auch Unfällen. Gedanken des Vertrauens an den inneren Heiler und Helfer lassen alles Negative zerbrechen. Je mehr wir uns in stiller Meditation mit diesem geistigen Kraftzentrum verbinden und uns seiner Hilfe gewiß sind, desto mehr werden wir auch äußerlich an Körper und Leben gesunden.

Sender-Übung:

Morgen-Übung – möglichst gleich nach dem Aufwachen:
Vorbereitung zur Meditation: Rückenlage oder Sitzhaltung – Gesichtsentspannung.

Nach ein paar ruhigen Atemzügen wenden wir uns nach innen, lassen das Bild des geliebten, geachteten Menschen in uns lebendig werden, wünschen ihm Gesundheit, Kraft und Segen und lassen eine liebevoll herzliche Schwingung entstehen.

Stellen wir uns dabei vor, wie wir ganz von dieser warmen, herzlichen Schwingung eingehüllt werden. Wir bejahen diese Verbundenheit: „Glück und Segen liegen auch auf meinem Weg!“

Empfänger-Übung

Abend-Übung – vor dem Schlafengehen:
Genauso wie in der aktiven Sender-Übung sind wir in der passiven Empfänger-Übung Anziehungspunkt unserer ausgesandten Gedanken. Es kommt nur darauf

an, an unsere angestrebten Wünsche zu glauben, sie zu bejahen.

Je öfter wir gute und schöpferische Gedanken aussenden, desto mehr werden wir sie als reale Wirklichkeit zurückerhalten. Bevor wir uns allerdings hinsetzen und auf einen guten Empfang hoffen, müssen wir uns darüber im klaren sein, was wir eigentlich wollen.

Wenn ich weiß, was ich will, kann ich es auch in einen klaren Satz packen.

Dann kann ich meine Wünsche der Kraft meines höheren Bewußtseins überlassen. Es wird alles für mich ordnen und zu mir heranziehen, was mir nach dem göttlichen Gesetz der Fülle zusteht: Gesundheit, Kraft, Glück und Erfolg.

Die Dinge, die wir für uns ersehnen, werden in uns geboren, oder sie werden niemals sein. Der Geist in uns ruft sie ins Leben, zieht dann alles Notwendige herbei und gibt ihnen die äußere Form.

Bejahen wir unseren Erfolg: „Die Kraft in mir läßt alles Gute zu mir kommen."

Meditative Körperübungen zur Harmonisierung des ganzen Körpers

Wenn wir uns für diese Übungen täglich ein wenig Zeit nehmen, vielleicht auch danach noch etwas ruhen, dann haben wir eine wunderbare Voraussetzung für die Meditation geschaffen. Die Übungen wirken lockernd, entkrampfend und entspannend auf den ganzen Organismus und sorgen durch die ausgewogene Harmonie in Atmung und Bewegung für eine rasche Regenerierung von Körper, Geist und Seele.

Die Übungsreihe besteht aus 5 Zyklen, wobei jeder Zyklus zur optimalen Beweglichkeit der Wirbelsäule beiträgt.

Die verschiedenen Atemformen während der Bewegungen wirken ganz besonders entschlackend und entgiftend und tragen somit wesentlich zur Blutreinigung und zur vermehrten Sauerstoffaufnahme bei.

Die Atemformen

1. Einatmen durch die Nase (bis 7 zählen – Ausatmen durch den Mund auf ein weiches fffff – bis 77 zählen).
2. Die Zunge in die „Gähnstellung“ bringen: Dabei wird der Unterkiefer nach unten gezogen, ohne daß sich der Mund öffnet. Diese Kehlstellung während der Ein- und Ausatmung halten (gleichmäßig und langsam mit einem leichten Geräusch, das in der Kehle erzeugt wird, ein- und ausatmen).
3. Einatmen durch die Nase: Ausatmen auf jeweils einen Vokal: I–E–A–O–U. Diese Laute wirken zusätzlich stimulierend auf das Zentralnervensystem ein.

Hinweis: Eine optimale durchblutungsfördernde Wirkung wird natürlich erzielt, wenn alle Zyklen nacheinander geübt werden. Wenn wir jedoch weniger Zeit haben, können die Übungszyklen auch einzeln geübt werden. Da diese Übungen für unsere Wirbelsäule und den Atemapparat von wohltuender Wirkung sind, sie unsere Empfindungswege reinigen und unsere Energiezentren aktivieren, wäre es gut, wenn sie einen festen Platz in unserem Alltag fänden.

Wir können aus drei verschiedenen Atemformen die für uns passende auswählen.

Grundsätzlich gilt für alle Bewegungen ein Pendelatemrhythmus.

Den Zeitraum des Ein- und Ausatmens und damit auch den der Bewegung bestimmen Sie selbst. Ich empfehle

Ihnen eine Zeiteinheit von 6 oder 7 Sekunden, die Sie während der Ein- und Ausatmung im stillen zählen.

Diese Übungsreihe finden Sie auch in meinem Cassettenprogramm „Kraft tanken“:

Übungs-Zyklus 1

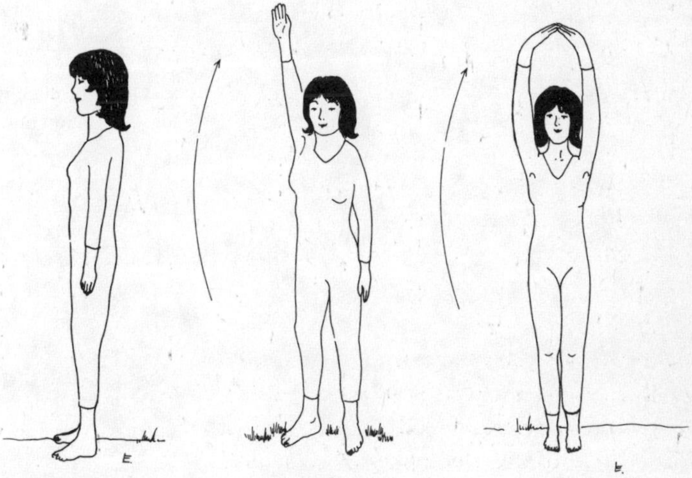

Ausgangshaltung

Wiederholung mit dem linken Arm

Übungs-Zyklus 2

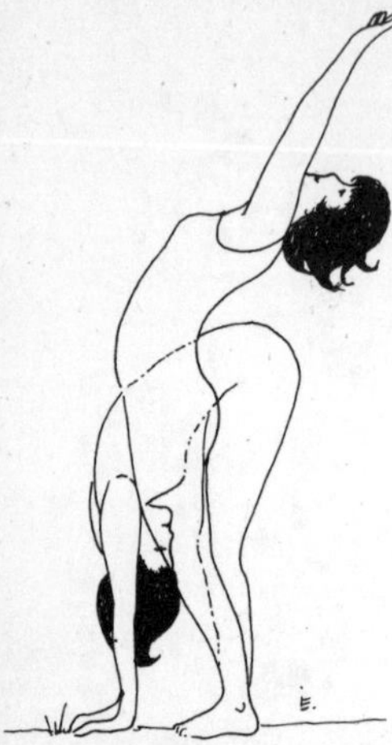

Vor- und Rückbeugen

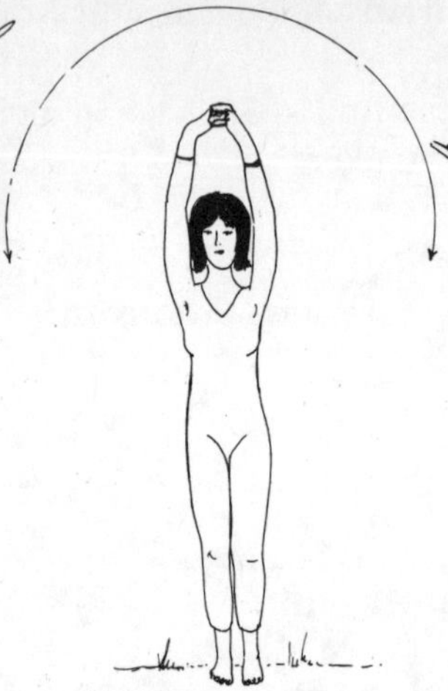

Seitbeugen rechts und links

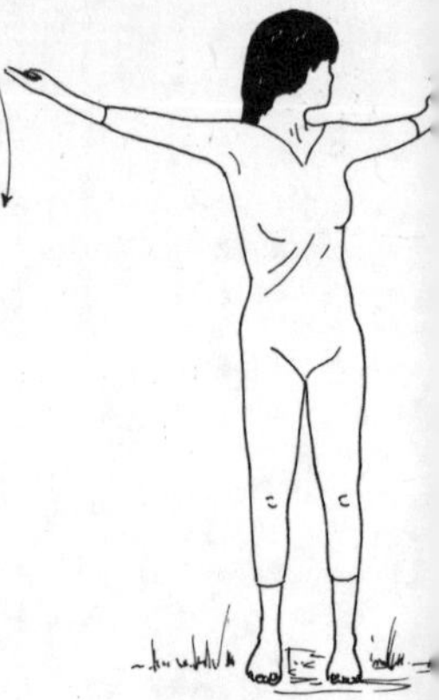

Seitdrehen rechts und links

Übungs-Zyklus 3

Gleichgewichtsübung mit gekreuzten Füßen rechts und links

Übungs-Zyklus 4

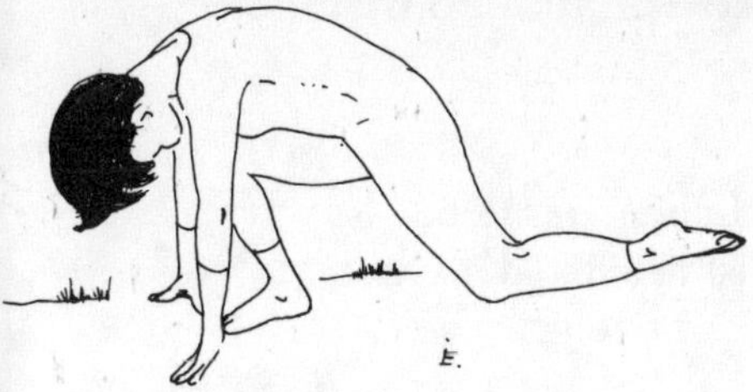

Organübung „Bauch“

Organübung „Nieren“

Übungs-Zyklus 5

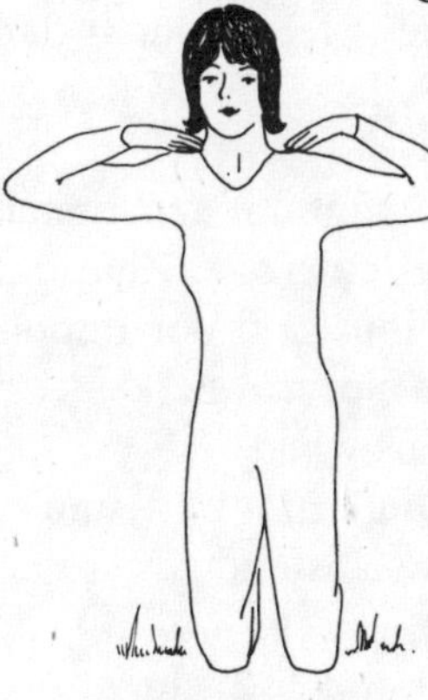

Ausgangshaltung
1. Beugen des Oberkörpers nach vorne und unten
2. Beugen des Oberkörpers rückwärts

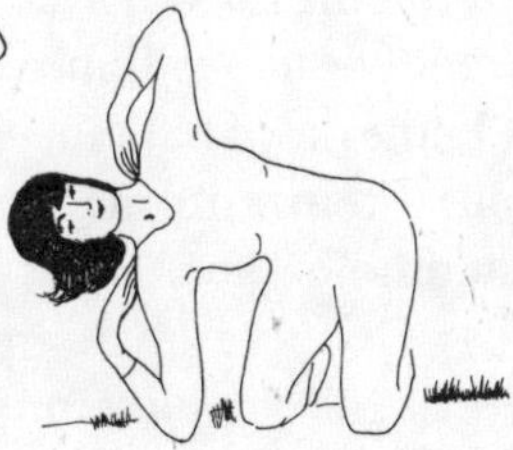

Seitbeugen
rechts und links

Seitdrehen
rechts und links

Den Abschluß bildet ein nochmaliges Vorbeugen des Oberkörpers. In einer bequemen Bauchlage finden wir anschließend Entspannung und Erholung.

Kapitel 3: Vom Wunder des Atems

„Atem ist Leben, das Leben ist
Geist, so ist in allem der Geist
des Lebens“.

B. Spachtholz

Bejahen der positiven Lebenskräfte durch geistiges Atmen:

„Am Anfang war der Atem ...“ Die Bibel erzählt in ihrem Schöpfungsbericht, daß Gott dem ersten Menschen den Odem einblies. Zuvor war Adam eine tote Masse aus Lehm. Durch den Atem gelangte sie zum Leben und wurde zum Menschen. Jedoch nicht nur der Mensch, auch die organische Natur – Pflanzen und Tiere – leben durch den Atem. Der ganze Kosmos mit der Fülle seiner Welten ist von Gottes Atem durchströmt.

Auch unser individuelles Leben beginnt mit dem ersten Atemzug. Im Hinterkopf hat ein geheimnisvolles Zentrum seinen Sitz: das Atemzentrum. Von ihm geht der Impuls zum ersten Atemholen aus. Es ist ein Nervenreiz, der den Säugling bei der Geburt zum Schreien zwingt.

Auf diese Weise füllen sich seine Lungen mit Luft, und er hat die Verbindung mit der Welt als selbständiges Wesen aufgenommen.

Der Atem entscheidet über Leben und Tod – er ist Anfang und Ende des irdischen Daseins. Er ist das Schicksal des Menschen, wenn auch ein vielfach unbeachtetes Schicksal. Deutlich sichtbar wird es in negativer Form beim Atemerkrankten, beim Asthmatiker oder Lungenkranken.

Wichtig für uns ist nun das Wissen um den Vorgang und

die Wirkung des Atems auf den Organismus. Meist bedeutet die Atmung uns nichts weiter als automatische Aufnahme von Sauerstoff und Abgabe von Kohlensäure, bekannt als Ein- und Ausatmung, ein chemisch-physikalischer Vorgang, der uns kaum interessiert. Durch unser technisiertes Dasein, unsere meist sitzende (Arbeits-)Haltung und unsere mangelnde Bewegung in frischer Luft ist unsere Atmung verkümmert und unzureichend geworden. Ihre segensreiche Wirkung ging uns verloren.

In den östlichen Weisheitslehren ist der Atem die Kraft, die den Aufstieg des Geistes ermöglicht. Eine kleine Legende schildert anschaulich, wie die Herrschaft über den Atem zur Macht über Nerven, Denken und Lebenskraft führt:

Der Untertan eines mächtigen Königs war in Ungnade gefallen und wurde in die oberste Kammer eines hohen Turmes eingekerkert und dort dem Verhungern preisgegeben. Seine Frau aber schlich des Nachts zu dem Turm und rief zu ihrem Manne hinauf, wie sie ihm helfen könne.

„Komm' in der nächsten Nacht wieder", antwortete er, „und bring' ein starkes Seil mit, so lang, daß es von meiner Kammer bis zur Erde reicht. Dazu eine feste Schnur, einen Bindfaden und einen Seidenfaden in gleicher Länge, einen Käfer und etwas Honig!"

Über diesen Auftrag war die Frau sehr verwundert, aber sie gehorchte und brachte ihrem Mann in der nächsten Nacht das Gewünschte.

„Knüpf' den Seidenfaden an den Käfer fest!" rief der Gefangene. „Bestreiche dann seine Fühler mit Honig und setz' ihn an die Mauer mit dem Kopf nach oben!"

Kaum war der Käfer losgelassen, begann er den Turm hinaufzukriechen, denn er hatte den Geruch des Honigs vor sich und hoffte, in den Besitz der süßen Speise zu gelangen. Schließlich erreichte er die Zinne des Turmes. Dort ergriff ihn der Gefangene und schenkte ihm die Freiheit, nachdem er durch ihn den Seidenfaden erhalten hatte. An dessen unteres Ende den Bindfaden anzuknoten befahl nun der Mann seiner Frau und zog diesen mit dem Seidenfaden zu sich herauf. Auf gleiche Art erlangte er die feste Schnur und das Seil. An dem Seile ließ er sich vom Turm herunter, entfloh mit seiner Frau und konnte so sein Leben retten.

(Vivekananda: Raja Yoga)

Am Ende des Seidenfadens der Atmung wird der Bindfaden der Nervenbahnen ergriffen, dann die starke Schnur des Denkens gepackt und zum Schluß das Seil der Lebenskraft erfaßt. Vom Atem zum Leben führt also der Weg.

Damit auch unser Leben an Kraft und Bewußtsein gewinnt, fangen wir doch auch unseren Tag mit bewußter Atmung an. Dabei erleben wir, wie der Atem unseren Körper durchströmt und Empfindungen wie Kraft und Geborgenheit in uns weckt. Es ist so wichtig, daß wir richtig atmen können, um ausreichend mit Sauerstoff versorgt zu werden. Sauerstoff ist die Ernährung für die Zellen unseres Körpers. Träger des Sauerstoffs ist unser Blut, und vom Blut müssen alle unsere Organe und auch das weitverzweigte Nervensystem versorgt werden. So bringt es unserem Körper also die ausreichende Ernährung, damit unser Zellenstaat leben kann. Aber es gibt noch eine andere Seite des Atems: die geistige. Dabei denken wir nicht an die meßbaren Inhaltsstoffe, sondern an die Schwingungen der kosmischen Strahlung. Sie versorgt uns mit den lebensspendenden Energien. Das sind die Kräfte, die uns strahlende Gesundheit und Stärke vermitteln, unser Lebensgefühl aufwerten und unsere Vitalität stärken.

Wir müssen sie uns nur in unserer Atmung bewußt zuführen, damit sich unsere Kraftzentren damit füllen.

Ein wichtiges Zentrum in uns ist zugleich Empfänger und Kanal für diesen kosmischen Kräftestrom. Im Nasenwurzelpunkt unseres Stirnzentrums befindet sich die Wurzel unseres geistigen Lebensbaumes. Mit ihr nehmen wir die Lebenskräfte auf und von hier aus durchströmen sie den Stamm oder Hauptkanal (unsere Wirbelsäule) und beleben durch die Abzweigungen jedes Zentrum in uns.

Unser körperliches und seelisches Allgemeinbefinden hängt von diesem kosmischen Lebensstrom ab. Sind wir gut mit kosmischer Energie versorgt, so fühlen wir uns voller Leben und Schwung. Aus diesem Grund wirkt das bewußte Atmen so segensreich.

Durch behutsame, nicht heftige, aber tiefe und volle Atemzüge können wir uns bewußt mit dieser Lebenskraft erfüllen.

Es ist nur wichtig, daß wir ganz bewußt diese positiven Lebenskräfte aufnehmen und sie in uns bejahen, das heißt, daß wir uns ihrer Wirkung voll bewußt sind.

Die beiden nachfolgenden Atembewußtseinsübungen helfen uns dabei.

Der Atemschlüssel

Der Atemschlüssel reinigt und öffnet uns die geistige Seite des Atems.

Wir leben in einem Meer von lebenspendenden Energien – und nehmen sie täglich unbewußt in uns auf.

Sie geben uns strahlende Gesundheit und Stärke. Sie sind die vitalisierende Kraft des Kosmos.

Wir müssen sie uns nur bewußt zuführen und aufnehmen, sie voll ausschöpfen, um unsere Kraftzentren aufzufüllen. Der Atem ist es, der hier der Mittler ist, er trägt diesen kostbaren Strom und schenkt ihn uns, nur eines ist dazu notwendig: sich vorher körperlich und geistig zu reinigen und zu entspannen – um alle lebensfeindlichen Dinge loszulassen, die unsere Kraftaufnahme sonst behindern, ja gar nicht zulassen. Der Schlüssel zum Loslassen ist bewußtes, ruhevolles, krafttragendes Atmen.

Wenn wir nun die Kraft des Atmens voll ausschöpfen wollen, müssen wir uns gedanklich voll bewußt sein, daß wir mit jedem Atemzug die positiven geistigen Kräfte des Kosmos in uns aufnehmen. Wie eine Batterie laden wir uns dann mit kosmischer Energie auf.

Die Atemschlüssel-Übung

Sie können sich diese Übung erst einmal langsam durchlesen, bevor Sie „starten". Wir setzen uns für die Atemschlüssel-Übung möglichst aufrecht hin, denn auch das soll uns bewußt werden: Tief und voll atmen können wir nur mit einer aufgerichteten Wirbelsäule.

Nur dann können sich unser Brustkorb und das Zwerchfell optimal bewegen und sich die Atmung voll entfalten. Jede Körperhaltung, die das freie Einströmen des Atems verhindert, ist gesundheitsschädlich.

Nun entspannen wir unsere Augen und unser Gesicht. Wir schenken uns selbst ein Lächeln und stellen uns vor, daß wir uns mit freundlichen, liebevollen Augen anschauen. Die Lippen lassen wir weich und voll aufeinanderruhen, und auch der Unterkiefer bleibt unbeteiligt. Das bringt uns innere Aufmerksamkeit, und nun erspüren wir unseren Atemrhythmus, wie und wo es in uns atmet.

Atmen wir nur im oberen Brustkorb? Hebt und senkt er sich in leichter, flacher Weise? Oder atmen wir im mittleren Teil? Dann bewegt sich der Brustkorb seitwärts und wir spüren auch eine Ausdehnung im Magenbereich; vielleicht spüren wir sogar eine noch tiefere Atembewegung in uns, die sich uns durch ein leichtes Vorwölben der Bauchdecke mitteilt. Das ist dann schon unsere Ruheatmung. Hier sollte es atmen, wenn wir uns entspannen und innere Ruhe erfahren wollen. Wir legen eine Hand auf den Unterbauch und versuchen die Atembewegung bewußt zu erspüren. Wir spüren eine ruhige, langsame Ausatmung und eine kleine, leichte Einatmung. Wir begleiten nun mit unseren Gedanken diesen wundervoll ruhigen Atemstrom in uns und wir können bald spüren, daß es der Atem ist, der uns innere Ruhe und Gelassenheit bringt.

Lassen wir es einige Zeit – vielleicht 2–3 Minuten lang – auf diese Weise in uns atmen.

Nun wollen wir bewußt tiefer und voller atmen und schöpfen dabei die Atembewegungen des Leibes und des Brustkorbs voll aus.

Mit jedem Ausatmen stellen wir uns nun vor, wie Verbrauchtes und Schädliches uns verläßt, ausströmt und Ruhe und Gelassenheit sich in uns ausbreiten können.

Mit jeder Einatmung stellen wir uns vor, wie wir unseren Zellenstaat mit frischer Kraft und Energie aufladen.

Immer wieder atmen wir in ruhiger Weise langsam aus und lassen Schädliches los.

Mit der Einatmung nehmen wir die positiven Lebenskräfte auf, die uns gesunderhalten und unsere Zellen harmonisch erneuern.

Unsere ganze Aufmerksamkeit ruht auf unserem Atmungsvorgang, dessen Rhythmus wir nicht beeinflussen wollen.

Nur in der Ruhe und Stille fließen uns die Kräfte zu und ordnen uns zu einem harmonischen Ganzen.

Ausatmen – alles Negative loslassen.

Einatmen – kraftvolle Gesundheit durchströmt uns.

Bejahen wir nun unser Tun und sprechen in Gedanken:

„Ja, mit jeder Ausatmung kann ich loslassen, ich kann alles Negative, Schädliche und Verbrauchte ausatmen und loslassen. Mit jeder Einatmung nehme ich neue Kräfte auf, die meine Körperzellen erneuern und mir strahlende Gesundheit bringen."

Nach der Übung sollten wir noch einige Zeit in uns ruhen und mit kräftigem Strecken, Räkeln und herzhaftem Gähnen die Übung beenden.

Energieaufladende Atembewußtseinsübung

Diese Atemübung wird uns geistig und körperlich neu programmieren. Die Neuprogrammierung erstreckt sich bis in den Zellkern hinein und bewirkt eine Energieaufladung im gesamten Organismus. Um recht bald positive Ergebnisse feststellen zu können – wachsendes Selbstvertrauen, größere Vitalität und persönliche Kraft sowie verbessertes Konzentrationsvermögen – können Sie diese Übung täglich mindestens 3–5 Minuten lang durchführen. Wir werden uns anschließend innerlich stärker und energiereicher erleben.

Ausführung:

Lesen Sie sich auch diese Übung zuerst einmal langsam durch. Später ist es besser, die Übung in der Rückenlage durchzuführen, damit die Blutzirkulation überall im Körper gleichmäßig spürbar ist. Wir beginnen sodann, bewußt durch die Nase und ruhiger zu atmen und die Aufmerksamkeit auf den Atemstrom zu lenken, um den Atemrhythmus zu erspüren. Lassen wir uns dabei Zeit, erspüren wir einmal ganz bewußt die Übergänge beim Atemwechsel. Wir werden immer wieder erstaunt sein, wieviel Zeit sich der Körper nimmt, um auszuatmen. Die Einatmung wird ganz von selbst tiefer. Einige Atemzüge lang die Atmung erleben …

Nun stellen wir uns die Luft in flüssiger Form vor, und diesen flüssigen Luftstrom, aufgeladen mit höherer Lebensenergie, beginnen wir dann mit der bewußt langsamen Ausatmung in die verschiedenen Körperregionen zu lenken. Ohne vollkommene Konzentration, das heißt, wenn unser Bewußtsein abschweift, werden wir mit dieser Übung jedoch nichts erreichen.

Versuchen wir daher bewußt, aufmerksam und wach zu sein. Nach einer tiefen Ausatmung atmen wir den flüssigen, energiereichen Luftstrom ganz bewußt durch die Nase ein, erleben uns dabei auch im Hals und in der Kehle.

Mit der Ausatmung lenken wir das Bewußtsein nun zuerst in die Füße und lassen in ihnen einen lebendigen Wärmestrom entstehen. Dies ist keineswegs Einbildung, sondern die entspannte Muskulatur wird durch die geweiteten Gefäße besser durchblutet und erwärmt.

Mit jeder Ausatmung versuchen wir nun, diesen energiereichen Lebensstrom zu verstärken, bis beide Beine von prickelnder Wärme erfüllt sind.

Nun den Beckenraum, dann den Leib und schließlich den Brustkorb warm durchströmen, so daß wir im ganzen Körper die gesteigerte Lebensenergie als prickelnde, wohltuende Lebendigkeit spüren.

Dann die Hände und Arme mit neuer Energie aufladen. Beginnen wir mit der rechten Hand und dem rechten Arm, bis auch hier der Wärmestrom fühlbar wird.

Vom Hals und dem Kehlkopfzentrum ausgehend lenken wir den energiereichen Ausatmungsstrom in den Kopf, bis über den Scheitel. Stellen wir uns vor, daß unser Gehirn sich vollkommen entspannen kann, um nun mit neuer lebendiger Kraft aufgeladen zu werden.

Der ganze Körper empfängt die Aufladung wie eine offene Schale, wir beginnen intensiver wahrzunehmen. Wir spüren, was es heißt, überall wach zu sein, von bewußter, intensiver Lebendigkeit und lichtvoller Energie erfüllt zu sein.

Der gezielte Heilatem

Liegt uns die spezielle Stärkung und Heilung eines unserer vielleicht schon erkrankten Organe am Herzen, so können wir ganz bewußt den heilenden Kraftstrom des Atems dort hinlenken.

Das Geheimnis unserer gezielten, voll bewußten, gedanklichen Zuwendung besteht darin, daß jeder Gedanke danach drängt, realisiert zu werden, das heißt, auf der Körperebene Wirklichkeit zu werden. Reif dafür wird er allerdings erst dann, wenn er mit dem wirklichen Wunsch unseres Unterbewußtseins übereinstimmt.

Deshalb kommt es darauf an, auf unser eigenes Unterbewußtsein schöpferisch einzuwirken. Zuvor jedoch muß uns bewußt werden, was wir eigentlich wollen oder nur wünschen.

Ein Wunsch ist zwar auch ein starkes Verlangen, aber hinter ihm steht nicht die nötige Energie, um ihn zu verwirklichen.

Wollen dagegen ist ein starkes Verlangen, hinter dem die Entschlossenheit steht, alle notwendige Energie einzusetzen, um das Ziel zu erreichen. Wenn uns das bewußt und klar geworden ist, steht uns nichts mehr im Wege, unser Unterbewußtsein auf Gesundheit und Glück umzuprogrammieren. Um so mehr reduziert sich auch unsere Abhängigkeit von den niederen Naturgesetzen.

Sind wir erst einmal mit unserem wahren Selbst verbunden und ist seine Gegenwart uns ein ständiger Begleiter, dann sind wir angeschlossen an den universellen, ordnenden Kräftestrom.

Übung: Sich ein Bild des Organs machen und es geistig festhalten.

Während der Einatmung stellen wir uns vor, wie der

blutvolle Kraftstrom das Organ durchströmt und es reinigt.

Während der Ausatmung stellen wir uns dann vor, wie die kranken Stoffe ausgeschwemmt und ausgeschieden werden.

In Gedanken wollen wir dann unser Organ liebevoll heilend ansprechen:

„Ich danke dir für dein gutes Funktionieren. Ich will dich mit neuer Kraft und Energie durchströmen. Du bist voll Harmonie, gesund und leistungsfähig."

Diese Übung sollten wir mehrmals täglich wiederholen. Wir können natürlich nicht erwarten, daß sich sofort etwas ändert. Die jahrelange Vernachlässigung unseres Körpers hat schon viel von der Ordnung in uns zerstört. Wir sind erst am Anfang unseres „geistigen Arbeitens an uns selbst". Aber glauben Sie mir, es lohnt sich, denn jeder Schritt, den Sie tun, bringt Sie drei Schritte dem Ziel näher, ein ganzer Mensch zu werden.

Vom Lachen und Lächeln und seiner positiven Wirkung

Mit einem ehrlichen Lachen voll innerer Freude hat es eine ganz besondere Bewandtnis. Es ist ein Ausdruck innerer Entspanntheit und des Sich-frei-Fühlens. Wenn wir liebevoll zu unserem Körper stehen und bereit sind, uns voll anzunehmen, dann sollten wir auch über uns lachen können.

Lachen ist die beste Medizin, um gesund zu werden. Es ist zudem eine Fähigkeit, die nur uns Menschen gegeben ist. Heute wissen wir von den günstigen Reaktionen, die durch das Lächeln ausgelöst werden und unsere Körperfunktionen unterstützen und regenerieren.

Durch die Muskelbewegungen des Lachens wird unser

Verdauungstrakt kräftig angeregt, bekommt das Herz mehr Blut und unser Kreislauf wird erheblich unterstützt. Unsere gesamte Schulter- und Rückenmuskulatur erfährt Entlastung und Entspannung.

Lachen verbessert die Sauerstoffaufnahme, fördert die Durchblutung und stärkt unser Immunsystem.

Auch Ängste verschwinden durch die positive, lebensbejahende Einstellung, deren Ausdruck ja das Lachen ist. Wir haben ein Recht auf Freude und Harmonie, gleich wie sich unsere augenblickliche Situation auch darstellt. In welcher Ausgangsposition wir uns auch befinden mögen – wenn wir uns um eine positive Bejahung unseres Lebens bemühen, werden uns Gesundheit, Glück und Erfolg auf allen Ebenen beschieden sein.

Jederzeit haben wir die Freiheit, uns zu entscheiden, in welche Richtung wir uns entwickeln wollen. Das ist das höchste Recht im Kosmos. Hören wir auf damit, unser Leben zu vergiften. Die negative Lebenseinstellung ist feindlich allem Wachsen und Neuwerden gegenüber eingestellt. Somit schließen wir uns von der uns ständig erneuernden kosmischen Lebensenergie ab. Weinen, Jammern, Mißstimmung und Depressionen verschwinden von selbst, wenn wir damit beginnen, uns auf den in uns strömenden, lebendigen Kraftstrom zu besinnen. Die innere Ruhe und Gelassenheit, die wir durch diese Besinnung erhalten, macht uns stark und läßt alle Sorgen und Bedrückungen verschwinden. In uns macht sich dann eine heitere Grundstimmung breit, die dann nach außen dringt und unser Umfeld und unseren Nächsten günstig beeinflußt.

Ein freundliches Lächeln wird dann unser Gesicht verschönen. In den ausgeglichenen Gesichtszügen wird dann die Harmonie deutlich, die die Gesundheit unseres Lebens prägt.

Anfangs ist es vielleicht erforderlich, das Lachen und ein Lächeln zu üben, bis es uns zur lieben Gewohnheit wird.

Aber hüten wir uns davor, nur eine Fassade aufzubauen, denn das ist gefährlich.

Ein Bild nach außen zu zeigen, das möglichst fehlerfrei ist, kostet Kraft und zehrt an unserer Substanz.

Ein freundliches Lächeln auf den Lippen zu haben und innerlich gleichzeitig unter großen Zwängen zu stehen, das sind zweierlei Dinge, die nicht zusammenpassen. Sie rauben uns nur ungeheuer viel physische und psychische Energien und machen uns systematisch seelisch und körperlich krank. Auch unsere Fähigkeiten werden durch Fassade und Spannung reduziert und machen uns unglaubwürdig. Sie nehmen uns nur die Kraft und können uns doch nicht schützen. Es kommt auf unsere innere Verfassung an, auf unser Denken und auf die heitere innere Gelassenheit, die sich nur dann einstellt, wenn wir auf die Kraft vertrauen, die in uns fließt. Dann wird uns bewußt, daß in uns die Kraftquelle des Lebens selbst sprudelt, die ständig für die Gesundheit und Erneuerung unserer Zellen sorgt und alles Verbrauchte und Kranke zur Ausscheidung bringt. Sorgen haben dann keinen Platz mehr in uns und unser Lächeln wird dann nicht nur ein Lächeln der Lippen sein, sondern die heitere Gestimmtheit unserer Seele anzeigen.

Heitere Ruhe für innen und außen – die Gesichtsentspannung

Die vorangehenden Abschnitte machten uns deutlich, daß ein herzliches Lachen und Lächeln unsere Welt positiv verändern kann.

Jetzt geht es nicht mehr darum, noch weitere positive Aspekte zum Lachen und zum Lächeln zu finden. Es gäbe noch so viel Positives zu sagen. Jetzt wollen wir selbst an uns feststellen, in welch kurzer Zeit wir durch ein freundliches Lächeln entspannt werden, innere Ruhe und Gelassenheit finden und sie auch behalten können.

Ein besonderes Bewegungsprinzip liegt meiner Atmungs- und Haltungsschulung zu Grunde. Es sind Muskelfunktionsreize, die ich nutze, um den Körper über sein eigenes Regulationssystem aufzurichten. Dadurch wird die Grundspannung im Körper erhöht und die Atmung automatisch vertieft. Wir müssen uns nur darum bemühen, die gewonnene aufrechte Haltung und die vollere, tiefere Atmung zu behalten. Das allerdings erfordert einige Geduld, bringt uns aber einen großen gesundheitlichen Gewinn.

Ein tägliches Schulungsprogramm mit oft komplizierten Übungsvorgängen macht unseren Körper zwar beweglicher und in der Haltung stabiler, läßt uns aber auch manchmal lustlos und vielleicht auch zwanghaft üben. Und bald schläft auch der beste Vorsatz, etwas für seine Gesundheit zu tun, ein.

Alles was wir von außen an unseren Körper herantragen, gerät leicht zum Zwang und kann sogar recht negative Folgen haben. Deshalb sollten wir uns stets bemühen, unseren Körper und sein ganz natürliches Verhalten in all unser Tun miteinzubeziehen. Dann haben wir die Gewähr, daß es gut für uns wird.

Geschult durch die Aufmerksamkeit, die ich den Körperfunktionen widme, habe ich erfahren können, daß ein Dehnreiz in der Gesichtsmuskulatur einen Reflex bewirkt, der den Atemschwerpunkt unter den Nabel verlagert. Das heißt, daß durch einen bestimmten Muskelfunktionsreiz automatisch die Ruheatmung bewirkt wird. Es ist unser „Lächeln", das das fertigbringt, worum sich viele Entspannungsmethoden oft jahrelang mühen: Die Tiefenentspannung des Körpers zu bewirken! Selbst das Autogene Training bewirkt diese Entspannung erst nach Beherrschen der Unterstufe.

Wir müssen also nur richtig lächeln lernen, um tief zu

entspannen. Doch ganz so einfach ist das nicht: Durch den Dehnreiz erhalten wir zwar die Ruheatmung tief unten im Leib, aber wir müssen lernen, sie zu erhalten. Nur dann kann diese Ruheatmung ihre tief entspannende Wirkung auf Körper und Geist ausüben. Eine Kursteilnehmerin sagte mir einmal, jetzt wüßte sie, wie man „mit offenen Augen schläft."

Damit wir nun auch erfahren, was es mit der Ruheatmung auf sich hat, machen wir nun die Übung der Gesichtsentspannung.

Übung:

Wir können diese Übung zunächst vor einem Spiegel stehend oder sitzend ausführen, später legen wir uns hin. In der Bauchlage, mit der Stirn auf den Händen, wird uns die sich vertiefende Atembewegung ganz besonders deutlich.

Unsere Aufmerksamkeit ist auf unser Gesicht gerichtet. Als ob wir uns anstrengten, um etwas besonders gut sehen zu können, kneifen wir nun die Augen- und Schläfenpartie ein wenig zusammen und halten diese recht unangenehme Spannung ein wenig an. Gleichzeitig erspüren wir unsere Atmung. Die Atembewegung wird im Brustkorb deutlich zu spüren sein.

Nun entspannen wir die Augenpartie, ziehen die äußeren Augenwinkel vergrößernd auseinander und ziehen die Schläfen und die Stirn faltenlos glatt und breit nach hinten. Eine leichte Dehnung verbleibt über dem Wangenknochen. Wir erhalten ein „Lächeln mit freundlichen Augen" und wir spüren: Es atmet tief unten im Bauch.

Den Unterkiefer beziehen wir nicht in unser Lächeln ein, er bleibt ganz locker und entspannt, und unsere Lippen liegen weich und voll aufeinander.

Wenn wir jetzt noch ein wenig Geduld haben und uns die Ruheatmung tief unten im Leib erhalten wollen, dürfen wir unser freundliches Lächeln mit den Augen nicht verlieren. Nach einigen Atemzügen wird die Entspannung sich so in uns ausgebreitet haben, daß sich auch der letzte Rest von Spannung vollends löst. Dann hat der freundliche Gesichtsausdruck auch innere Freundlichkeit bewirkt. Ruhe und Gelassenheit können sich nun in uns ausbreiten. Wenn wir in einer Ruhestellung – zum Beispiel im Liegen – üben, schließen wir auch noch die Augen, dann kann uns zusätzlich bewußt werden, daß die Blickrichtung unserer Augen der Nasenwurzelpunkt ist. Somit ist unsere Bereitschaft, alles Äußere loszulassen, um in die Stille gehen zu können, schon gegeben.

Sooft wir daran denken, schulen wir unser Lächeln und lassen es immer mehr aus unserer Tiefe kommen. Ein offenes, herzliches Lachen und Lächeln vermag Wunder zu wirken. Tun wir es.

Aktivierende und harmonisierende Atemmeditation

Diese Meditation ist dazu angetan, die Seele zu nähren.

Wir sind uns inzwischen ganz sicher, daß wir eine geistige Weiterentwicklung anstreben und wir wissen, daß selbst in einfachen Gedanken und Worten Kräfte verborgen sind, die erst dann Wirkung zeigen, wenn wir sie in uns leben lassen.

Ist unser Inneres erst einmal erfüllt von der Aussage eines Wortes oder auch eines Satzes, können wir die Wirkung spüren. Eine unwahrscheinliche Freude entsteht darüber, ein kraftvolles, geistiges Wesen zu sein, das aktiv mithelfen kann, „die innere und äußere Welt“ positiv zu gestalten.

Plötzlich erscheinen uns so viele Dinge in einem anderen Licht. Wir erkennen, daß nur die Liebe Leben geben kann. Jedes Zueinanderfinden, Aufeinanderzugehen, Sich-Verbinden in der Liebe erzeugt Leben und gesundes Wachstum des Ganzen, nicht nur für den einzelnen, sondern für die gesamte Menschheit.

Jedes Abwenden, Auseinanderstreben, einander verlassen, krasser Egoismus oder auch falsche Vorstellungen und Überzeugungen, stören die Ordnung dieser liebevollen Harmonie des Ganzen und lassen unsere Verbindung zum allgegenwärtigen Lebensstrom der Liebe abreißen.

Vereinsamung und Ängste, innere Leere und das Gefühl, verlassen zu sein, lassen in unserem Organismus Chaos, Schwäche, Unfrieden, Bitterkeit, Aggression und Haß entstehen. Krankheit und Not sind die Folgen nun sichtbar gewordener Unordnung.

Tröstlich ist es dann zu wissen, daß jeder noch so kleine Versuch, die harmonische, liebevolle Ordnung des Lebens in uns wiederherzustellen, belohnt wird. Ein winziger Schritt auf die Liebe zu genügt, um das Leben in uns wieder zuzulassen, um die lebendige Ganzheit von Körper, Geist und Seele wiederherzustellen.

So wollen wir auch die folgende Atemmeditation ansehen. Sie ist ein kleiner, aber bedeutungsvoller Schritt auf unserem inneren Weg, und sie bereitet uns auf die Heilmeditation in Kapitel 4 vor.

Die Atemmeditation

Wir lesen uns diese Übung zunächst einmal durch. Die folgende Übung hat auf uns eine innerlich erhaltende und aufbauende Wirkung. Der körperliche und geistige Entspannungszustand, der nach dieser Übung erreicht wird, kann dann in eine tiefe Meditation einmünden.

Am Anfang des Übens wird es vielleicht ein wenig schwierig sein, den Atemrhythmus zu halten. Eine kleine Vorbereitung wie zum Beispiel die Gesichtsentspannung ist da sehr hilfreich.

Dann können wir die Zeiten des regulierten Atems besser einteilen. Zu lange und zu starke Atemzüge behindern nur. Der Atemstrom soll ruhig und leicht fließen. Je natürlicher geatmet wird, um so ruhiger und heiterer, ja gelassener werden wir.

Nehmen wir jetzt eine entspannte, aber aufrechte Sitzhaltung ein.

Zur inneren Wachheit gehört nun einmal die Sitzhaltung mit gerader, aufgerichteter Wirbelsäule und gerade gehaltenem Kopf. Nun richten wir unsere Aufmerksamkeit auf den Körper. Wir entspannen uns, ohne die aufrechte Haltung zu verlieren. Die Beine entspannen. Die Schultern und Arme entspannen.

Unsere innere Aufmerksamkeit läßt jedoch nicht nach, sie bleibt wach und bewußt.

Wir erspüren nun den Atemstrom auf seinem Weg durch den Körper; dabei folgen wir der uns bewegenden Atemwelle bis in den Unterbauch, hier sind wir ganz weich und nachgiebig, ohne jedoch die Stütze des Rückens, das Bekken, nach hinten kippen zu lassen. Mit jedem Atemzug füllen wir die Räume des Körpers aus. Den Atemstrom lassen wir ohne große Mühe zum Beckenboden fließen und lassen ihn von dort wieder aufsteigen. Einige Atemzüge lang verweilen wir in dieser entspannenden Haltung.

Nachdem wir nun unseren Atemstrom bewußt spüren können, beginnt jetzt die eigentliche Übung. Sie fängt mit einer Ausatmung an. Mit der folgenden Einatmung richten wir unsere Aufmerksamkeit auf den Kopf, auf den Scheitelraum hinter der Stirn, halten den Atem an und sprechen in Gedanken zu uns:

„Ich bin, das ist Leben und Kraft in mir" – danach ruhig ausatmen. Wir halten erneut den Atem an und sagen uns: „Ich bin durch die Liebe in mir." Mit der folgenden Einatmung sind wir aufmerksam im Unterkiefer- und Halsraum, in der Kehle, halten dann den Atem an. Wir sagen zu uns:

„Es denkt in Ruhe und Geduld." Nun ruhig ausatmen, den Atem anhalten. Wir sagen zu uns: „Es denkt durch die Liebe in mir." Mit der folgenden Einatmung sind wir aufmerksam in der Mitte unseres Brustraumes, im Herzzentrum. Den Atem anhalten. Wir sagen uns: „Sie fühlt mit Ernst, die Wahrheit." Ruhig wieder ausatmen, den Atem anhalten und wir sagen zu uns: „Sie fühlt durch die Liebe in mir."

Mit der folgenden Einatmung sind wir nun aufmerksam in unserer Magengrube, im Dreieck oberhalb des Nabels, es ist der obere Bauchraum. Wir halten den Atem an und sagen zu uns: „Es strahlt in mir das lichtvolle Leben." Nun wieder ruhig ausatmen. Wir halten den Atem an und sagen zu uns: „Es strahlt durch die Weisheit der Liebe in mir."

Mit der folgenden Einatmung sind wir ganz aufmerksam im Dreieck unterhalb des Nabels, es ist der untere Bauchraum. Wir halten den Atem an und sagen zu uns: „Er will, mit Kraft und Willen."

Nun ruhig wieder ausatmen, danach den Atem anhalten, wir sagen zu uns: „Er will durch die Liebe in mir."

Mit der folgenden Einatmung sind wir nun aufmerksam im Beckenbodenraum, am Ende der Wirbelsäule. Wir halten den Atem an und sagen zu uns: „Sie strömt, ruhend in der Ordnung."

Dann atmen wir ruhig wieder aus, halten den Atem an und sagen zu uns: „Sie strömt in der Ordnung des Lebens durch die Liebe in mir."

Ruhevoll atmen wir wieder ein und aus.

Reicht unser Konzentrationsvermögen schon aus, so können wir diesen komplexen Vorgang mehrmals wiederholen.

Wichtig: Die Atemphasen richten sich ganz nach unserem Wohlbefinden.

Den Abschluß der ganzen Übung bildet die Phase des Ausruhens, des Loslassens unseres Tuns. Ganz gelöst begeben wir uns in unsere innere, erhaltende Ruhe, und darin verweilen wir so lange wie wir möchten, das heißt, wie wir uns ruhig und wohl fühlen …

Mit Strecken, Dehnen und herzhaftem Gähnen beenden wir dann diese Übung.

Ewarten wir nun nicht gleich umwälzende Ergebnisse. Für alles Werden ist Geduld notwendig. Dann werden wir königlich belohnt.

Kurzfassung der Atemmeditation

Einatmen =	Hinwendung des Bewußtseins auf den Kopf im Stirn- und Scheitelraum
Atem anhalten =	Wir sagen zu uns: „Ich bin, das ist Leben und Kraft in mir“
Ausatmen =	Hinwendung des Bewußtseins auf die Stirnmitte
Atem anhalten =	„Ich bin durch die Liebe in mir“
Einatmen =	Hinwendung des Bewußtseins auf Unterkiefer, Halsraum, Kehle
Atem anhalten =	„Es denkt in Ruhe und Geduld“
Ausatmen =	Hinwendung des Bewußtseins auf den Nacken- und Halsraum
Atem anhalten =	„Es denkt durch die Liebe in mir“
Einatmen =	Hinwendung des Bewußtseins auf das Herzzentrum in der Brustmitte
Atem anhalten =	„Sie fühlt mit Ernst, die Wahrheit“
Ausatmen =	Hinwendung des Bewußtseins aufs Herzzentrum
Atem anhalten =	„Sie fühlt durch die Liebe in mir“
Einatmen =	Hinwendung des Bewußtseins auf den Oberbauch, Magengrube

Atem anhalten =	„Es strahlt in mir das lichtvolle Leben“
Ausatmen =	Hinwendung des Bewußtseins auf Oberbauch, Magengrube
Atem anhalten =	„Es strahlt durch die Weisheit der Liebe in mir“
Einatmen =	Hinwendung des Bewußtseins auf das Nabelzentrum und den Unterbauch
Atem anhalten =	„Er will, voll Kraft und Willen“
Ausatmen =	Hinwendung des Bewußtseins auf das Nabelzentrum und den Unterbauch
Atem anhalten =	„Er will durch die Liebe in mir“
Einatmen =	Hinwendung des Bewußtseins auf den Beckenboden und das Ende der Wirbelsäule
Atem anhalten =	Wir sagen zu uns: „Sie strömt, ruhend in der Ordnung“
Ausatmen =	Hinwendung des Bewußtseins auf den gesamten Beckenraum
Atem anhalten =	„Sie strömt in der Ordnung des Lebens durch die Liebe in mir“.

Ruhevoll einatmen und ruhig, gelassen und leicht weiteratmen.

Wichtig! Es anschließend mindestens 5 Minuten – möglichst ohne Gedankenbewegungen – ruhig und normal in sich atmen lassen.

Vollendung in der Liebe

Ruhend in der Ordnung leben, mit Kraft und Willen. Durch Wissen zur Weisheit, ernsthaft die Wahrheit erkennen, Geduld haben und Güte ausstrahlen, unendliche Liebe und Barmherzigkeit durch Gnade.

Zusammenfassung des Übungsteils aus Kapitel 3

Atemschlüssel: 3–4 Minuten lang gleichmäßig rhythmisch ein- und ausatmen, dabei jeweils langsam bis 7 zählen.

Dann verbinden wir mit dem jeweiligen Atemvorgang die gedankliche Anweisung:

Ausatmen = „Ich kann alle Störungen loslassen, alles Unreine strömt aus meinem Körper."

Einatmen = „Gesundheit, Kraft und Freude strömen ein und sorgen für Ordnung und Harmonie."

Anschließend: Abends vor dem Schlafen noch einmal daran denken, daß wir unserem wahren Selbst, dem höheren „Ich bin" in uns vollkommen vertrauen können und daß die geistige Kraft in uns alles tut, um uns Gesundheit, Liebe und Harmonie in Fülle zu schenken, damit unser Leben voll Freude ist und bleibt.

Wichtig: Niemals bei negativen Gedanken verweilen; wir müssen sie sofort „ausatmen und loslassen".

Morgens vor dem Aufstehen sich schon im Bett an die Gegenwart des wahren Selbst, des „Ich bin" in uns erinnern und den Körper mit diesem Bewußtsein voll und ganz erfüllen.

Dieser kraftvollen Gegenwart in uns übergeben wir dann den Tag und vertrauen ihr das Denken, Fühlen und Handeln des Körpers an. Machen wir uns die folgenden Worte bewußt:

In der Gegenwart des wahren Selbst gibt es keine Schatten und Sorgen, haben negative Gedanken keinen Zutritt. Hier sind wir zu Hause, wir können zuversichtlich sein, weil alles in Fülle vorhanden ist. Auch unser Suchen hört auf, denn diese Gegenwart finden wir nur in uns selbst.

Unerwartetes

kann passieren, wenn wir zu lange und zu oft meditieren oder besonders gestreßt und übermüdet sind.

Eine Flut von Bildern, Erinnerungen und Klängen stürmt dann auf den Meditierenden ein. Visionäre Bilder können dann leicht für wahr gehalten werden, stimmen uns unruhig und halten uns auf unserem inneren Weg auf. Am einfachsten ist es dann, sich auf den Konzentrationspunkt zu besinnen und ihm unsere ganze Aufmerksamkeit zu schenken, dann wird die Klarheit in unserem Gedankenfeld wieder da sein.

- Ein Gefühl des Unwohlseins, stärkeres Herzklopfen oder innere Unruhe sind Anzeichen dafür, daß wir der inneren Reinigung (zum Beispiel durch den Atemschlüssel) noch ein wenig mehr Aufmerksamkeit schenken müssen. Dann werden wir ausgeglichener sein und in der Meditationsphase ein ruhiges, inneres Erleben haben.
- Auch ein Gefühl des Schwankens (man glaubt, die Orientierung oder das Gleichgewicht gehe verloren) ist während der Meditation möglich. Wenn wir ruhig weiteratmen, verschwindet dieses Gefühl wieder. Von vielen wird es auch als angenehm empfunden.
- Selbst ein Druckgefühl in unserer Stirn sollte uns nicht beunruhigen. Wir können es als Zeichen deuten, daß sich in uns etwas verändert. Wir werden fähig, den kosmischen Kraftstrom zu empfangen.
- Manchmal wird auch ein Wärmestrom in der Wirbelsäule empfunden. Auch dann bleiben wir ganz ruhig sitzen und beobachten, was geschieht. Wir können unserer inneren Führung vollkommen vertrauen. Sie tut alles zu unserem Besten.

Auf unserem inneren Weg in die Freiheit wird noch so manches für uns Unerklärliche passieren. Halten wir uns damit nicht auf.

Die Kraft in uns weiß, was uns am besten dient. Sie führt uns sicher ans Ziel, läßt uns den rechten Weg erkennen.

Kapitel 4:
Die Reise in die eigene Mitte

Heute wird sich der Mensch immer mehr der Wahrheit bewußt, daß alle Geschehnisse in seinem Leben ihren Ursprung in ihm selbst haben.

Es wird ihm bewußt, daß es nur mangelnde Erkenntnis war, die ihn von der Quelle aller Kraft in uns – unserem wahren höheren Ich – ferngehalten hat.

Manchmal genügt nur ein Funke, um das Licht der Erkenntnis in uns zu entzünden, damit wir uns der großen Möglichkeiten, die in uns liegen, bewußt werden. Die Dunkelheit endet, wenn man das Licht anmacht. Auch Krankheiten, Sorgen und Nöte enden, wenn wir uns aus unserem Körperbewußtsein erheben und das Selbst, das „Ich bin" in uns erkennen, und wenn die Selbsterkenntnis dann weiterführt zur Selbstverwirklichung.

Am Anfang unseres Weges leben wir weithin ohne Ziel unbewußt dahin. Wir neiden Größeren den Erfolg und neigen aus Unwissenheit zur negativen Kritik.

Später streben wir zunächst mehr oder weniger bewußt Vorbildern nach. Beharrlich beginnen wir an uns zu arbeiten. Wir ahmen nach, bis wir dann auf einmal entdecken: „Das ist nicht unser Weg."

Unser eigener innerer Weg wartet geduldig darauf, daß wir anfangen ihn zu gehen, denn es geht um die Entfaltung der eigenen Größe. Jetzt beginnen wir, in unserer eigenen Mitte, in uns selbst nach der Wahrheit zu suchen. Es wird uns bewußt, daß wir selber Weg und Ziel sind, und daß es keiner anderen Vorbilder bedarf.

Wir begreifen nun die Einmaligkeit unseres Wesens, und wir erkennen die harmonische Ordnung des unendlichen Bewußtseins, das als wahres Selbst in uns wirkt. Dann wissen wir, daß nur in uns selbst jene gewaltige Kraft schlummert, die allen Schwierigkeiten Trotz bietet und alle Hindernisse wegräumen kann. Sie muß nur geweckt werden. Kraftlos und schwach, dem Schicksal ausgeliefert sind wir nur dann, wenn wir das Gute außerhalb und anderswo suchen.

Richten wir uns nach uns selber und richten wir uns innerlich auf, dann können wir uns voll Vertrauen auf den ordnenden Geist, der in uns lebt, verlassen. Von außen, von unserem kleinen, kurzsichtigen Ich aus, ist dieser Weg allerdings ein Abenteuer ins Ungewisse.

Wenn wir es von innen sehen, ist es ein Weg zum Selbst. Der Schlüssel dazu ist die meditative Selbstbesinnung, bei der wir uns schweigend nach innen wenden zum Geist des Lebens.

Der Du in mir wohnst, als das „Ich bin“, hilf mir meinen Weg klar zu erkennen, und laß die Fülle Deiner Kraft sich durch mich zum Segen aller auswirken.

Vom Sinn des Lebens

Wer bin ich? Woher komme ich? Wohin gehe ich?

Ein weiser Mann hat einmal gesagt:

Die Antwort auf die Frage: „Wer bin ich?“, das ist die Basis meines Handelns und meines Charakters.

Und wer bin ich dann wirklich? Alle könnten wir diese Frage in der gleichen Weise beantworten. Unserem wahren Wesen nach sind wir friedvoll, ruhig, kraftvoll, liebevoll und mit klarem Denken ausgestattet. Das ist unsere wirkliche Natur. Alles was wir von dieser wirklichen Natur abweichend erleben, ist nur ein Produkt unserer Gedanken. Es sind gedankliche Störungen, die wir selbst im Umgang mit der Umwelt erzeugen, die wir aber jederzeit korrigieren und verändern können. Wenn wir das einmal erkannt haben, dann macht uns das Wissen um die Möglichkeiten der positiven Gedankenführung ganz ruhig.

„Ich muß erst einmal lernen, mich ganz real zu sehen und die hohe Qualität meiner wahren Natur anerkennen und mich so lieben. Ja, ich muß mich so lieben wie ich bin, denn sonst bin ich nicht imstande, andere zu lieben."

Wir erhoffen uns Harmonie und Liebe in unseren Beziehungen zu unserem Nächsten. Wir möchten von anderen Achtung und Zuneigung für uns bekommen und möchten dies auch anderen entgegenbringen. Das wird aber nicht möglich sein, wenn wir sie uns nicht zuerst selber schenken können. Das ist ein psychologisches Gesetz. Wenn ich zu hohe Erwartungen an mich stelle, mich schuldig oder nicht gut genug fühle, zu wenig Liebe und Güte für mich empfinde, dann empfinde ich das gleiche auch für andere Menschen.

Wir alle wissen, daß es Menschen gibt, die voll innerer Gelöstheit, voll Heiterkeit und Harmonie durchs Leben gehen. In ihrer Nähe fühlen wir uns richtig geborgen und behütet, ja einfach wohl.

Diese Menschen wissen um ihre wahre Natur, sie sind sich ihrer Seele bewußt.

Wissen *wir* überhaupt noch, daß wir eine Seele haben und wie diese beschaffen ist?

Nein, denn wir haben vergessen, was den Menschen früherer Zeiten noch bewußt war, daß sich in uns ein zweiter Körper, ein Geistkörper befindet, den wir als Seele bezeichnen.

Nicht der materielle, der irdische Leib, sondern der Geistkörper, die Seele, ist in Wirklichkeit der Ausdruck eines übergeordneten Lebens, eines Seelenlebens, eines Geisteslebens, eines Gedankenlebens.

Das zentrale Problem unseres Lebens sind unsere Gedanken. Wären diese immer liebevoll und gut, wären sie harmonisch in Übereinstimmung mit dem allumfassenden Leben um uns herum, mit unseren Mitmenschen, dem Tierreich, dem Pflanzen- und Mineralreich, dann entsprächen sie dem geistigen Lebensgesetz und unserer wahren geistigen Natur, dann wären wir stets gesund und glücklich, voll inneren Friedens. Unsere Seele registriert sehr genau jeden Gedanken, jedes Wort, jegliches Handeln, im Positiven wie im Negativen, denn sie ist mit unseren Gehirnströmungen verbunden.

Wir belasten also unsere Seele mit Gedanken, die nicht dem geistigen, lebensbildenden Gesetz entsprechen und sie reagiert darauf mit Abwehr. Sie versucht, diese Irrtümer, die auf falschen Gedankenmustern beruhen, abzuwehren. Deshalb fühlen wir uns manchmal innerlich so belastet und zerrissen.

Wir sind dann unharmonisch und voller Spannungen. Unerklärliche Traurigkeit bis hin zur Depression bestimmt dann unser Leben. Und das alles nur, weil uns der tiefere Sinn unseres Lebens und die Beziehung zu unserem wahren Selbst verlorengegangen sind – auf Grund unserer Gedanken und geprägten Verhaltensmuster.

Das macht uns bewußt, daß es nicht die äußeren Ursachen sind, die uns krank machen, sondern die aus inneren Überzeugungen stammenden Gefühle – auch die Angst gehört hierher. Es sind unsere Gedanken, die uns von unserer wahren Natur abspalten, die uns von dem gesunden inneren Geschöpf, das wir in Wahrheit sind, trennen.

Erst von dem Augenblick an, in dem es uns gelingt, uns von diesen quälenden Gedanken zu lösen, geht es uns besser. Wir beginnen wieder zu leben, und in uns beginnt der positive Kreislauf. Es liegt also an uns, uns aus diesem Teufelskreis negativer Gedanken und Empfindungen zu befreien. Wir müssen wieder unserer wahren Natur gemäß denken lernen.

„Richtiges Denken ist positives, aufbauendes Denken" …

… aber nicht nur, wenn es uns schlecht geht oder wir erkrankt sind. Im täglichen Leben müssen unsere Gedanken positiv und aufbauend sein. Sie machen uns nicht nur liebevoller, sie bauen auch im Laufe der Zeit alle Belastungen und Irrtümer ab, alle Verspannungen, Verkrampfungen und Schmerzen. Ja, auch Krankheiten verschwinden durch positives, aufbauendes Denken und durch den unbedingten Glauben an die inneren geistigen Lebenskräfte, an die schöpferischen Energien in uns.

In uns fließen die höchsten Kräfte des Universums und durch unser wahres inneres Wesen, das sich im Herzen unserer Seele befindet, sind wir mit diesen Kräften verbunden.

In der Meditation strahlen diese Lebensenergien in uns ein und werden in unserem Körper wirksam.

Vielen Menschen fehlt jedoch das Vertrauen, der Glaube in diese Kräfte. Ja, eigentlich fehlt das Vertrauen in den, der alles bewirkt, geschaffen und uns gegeben hat.

Wir haben uns von der reinen, geistigen Kraft abgewandt, leben in der Materie und glauben nur das, was wir mit den Augen sehen oder mit unserem menschlichen Verstand einordnen können.

Eigentlich müßten wir schon lange erkannt haben, daß wir das Leben in uns, Gott nicht mit dem Verstand begreifen können, sondern nur mit unserem Herzen.

In Anlehnung an ein Wort Papst Johannes XXIII.:

„Wer glaubt, hat Gewißheit, er zittert und zweifelt nicht. Er überstürzt nichts, ist nicht pessimistisch und verliert nicht seine Nerven."

Für mich ist das Leben in uns Gott. Er ist diese unendlich pulsierende, nie versiegende geistige Kraft in uns. Diese kosmische Kraft ist es, die alle von Ihm geschaffenen Formen, so auch unsere Seelen und Körper, aufbauend durchströmt.

Unser Körper ist der Tempel Gottes. In jeder Zelle wirkt diese dynamische Kraft, der Geist Gottes. Es ist die gleiche Kraft, mit der wir denken, die alles Leben ermöglicht und erhält.

Die sieben Stufen zur Stille

Stille ist für den Geist des Menschen das, was seinem Körper die Luft zum Atmen ist. Wo die Stille fehlt, kann der Geist weder reifen noch leben. Wer die Gegenwart des reinen Geistes in sich erfahren möchte, muß still werden können; bis in die tiefsten Schichten des Bewußtseins muß die Stille hinabreichen und durch nichts zu stören sein.

Der Prophet Habakuk schrieb:

„Der Herr ist in seinem heiligen Tempel; es sei Stille vor Ihm alle Welt."

Das Stillsein und das schweigende Verweilen in der Gegenwart des Einen in uns ist der Schlüssel zur Kreativität, zum Schöpferischen in uns.

Vor wichtigen Entscheidungen und Aufgaben oder wenn wir uns Prüfungsschwierigkeiten und Gefahren gegenübersehen, sollten wir uns immer die Zeit nehmen, uns in die Stille des Inneren zurückzuziehen, geduldig zu warten und zu schweigen, bis wir die innere Stimme vernehmen können.

Wir können sicher sein, daß die Kraft in unserem Inneren unter den vielen erlösenden Ideen die eine – für uns richtige – aufleuchten läßt.

In dieser Stille, die nichts mit einer passiven, äußeren Ruhe und Entspannung zu tun hat, sondern höchste Gespanntheit und Aktivität ist, verbinden sich unser menschliches und geistiges Bewußtsein harmonisch miteinander, und unser Wissen wird zur erkennenden Weisheit, das heißt unser kleines, menschliches Wesen hat Teil am universellen Leben.

Wir gewahren dann, daß unsere innere Kraft weiterreicht und mehr vermag als alle Mächte der äußeren Welt.

Die 1. Stufe: Die äußere Stille

Das „Ich“, unser menschliches Ich, das alles mit seinem Verstandesdenken zu ergründen sucht, dieses Ich, das sich in pausenlosen nichtigen Gedanken erschöpft und einen immerwährenden Dialog mit sich selbst führt, das erfüllt ist von sprunghaften Gedanken an zurückliegende oder vorausliegende Tätigkeiten, an gesellschaftliche Ereignisse, an Kauf und Verkauf etc., dieses Ich müssen wir loslassen, damit unser Herz sprechen kann.

Die 2. Stufe: Achtsamkeit

Nun müssen auch unsere Sinne schweigen, damit die Vielfalt der äußeren Bilder uns nicht wieder von uns selbst entfernt.

Auch bei unseren Tätigkeiten können wir innerlich schweigen und uns jederzeit an die Gegenwart des wahren Selbst erinnern, das als „Ich bin“ in uns wirkt.

Auf diese Weise werden wir uns der inneren Kraft bewußt.

Die 3. Stufe: Gedanken loslassen

All das, was wir sind, ist das Ergebnis dessen, was wir gedacht haben. Es beruht auf unseren Gedanken, es ist aus unseren Gedanken erschaffen.

„Durch uns selbst wird das Böse ausgelöst. Durch sich selbst wird man gereinigt. Reinheit und Unreinheit gehören zu einem Selbst. Niemand kann einen anderen reinigen. Du mußt selbst eine Anstrengung machen“.

Buddha

Es ist schwer, den in uns unablässig dahinströmenden Gedankenfluß unter Kontrolle zu bringen.

Befürchtungen, Sorgen, Hoffnungen, Bilder des Leids und auch der Freude, all diese Dinge dürfen uns nicht mehr bewegen; denn wir könnten sonst die feine Stimme der Wahrheit überhören, die zu uns spricht: „Schweige, damit ich reden kann, und deine Not wendet sich.“

Die 4. Stufe: Herzensstille

Gefühle loslassen, das ist schon schwerer für uns. Alles, was gedanklich unser Herz bewegt und Gefühle der Liebe und Freundschaft oder gar des Hasses und der Feindschaft in uns auslöst, gilt es loszulassen und zu vergeben. Dazu gehören auch unsere Neigungen und Wünsche. So können wir uns mit reinem Herzen voll und ganz öffnen und zum Vernehmen des inneren Wortes bereit werden.

Die 5. Stufe: Schweigen der Seele

Haben wir nun alles, was weltgebunden und so vergänglich ist, zum Schweigen gebracht, so bleibt uns noch, die der Welt zugekehrte Seite der Seele zum Schweigen zu bringen. Jedes Gefühl wie Stolz, Selbstsucht, Selbstwert oder -unwert, Selbsterhöhung oder -herabsetzung wollen wir loslassen.

In völliger Gelassenheit und innerer Ruhe, weltlicher

Dinge und aller Ich-Regungen ledig, kann sich unsere Seele erfahren. Der Augenblick ist nahe, in dem das Selbst zu reden beginnt.

Die 6. Stufe: Stillwerden des Geistes

Wenn der reine Geist als Kraft in uns und durch uns wirken soll, muß auch jedes „Selbermachen-Wollen" schweigen. Jeder Eigenwille behindert den Kraftstrom, verhindert die Heilung. Aus unserem Glauben wird Gewißheit. Mit uneingeschränktem Vertrauen überlassen wir uns dann der höheren Weisheit.

Unser Reden mit uns selbst und unser Hören auf uns selbst ist zu Ende.

Aus dem Selbstsein ist das Hingegebensein geworden.

Die 7. Stufe: Schweigen in allem

Hier hören alle wohlgemeinten Ratschläge und allgemeinen Hinweise auf. Wenn alle ich-bezogenen Regungen, Gedanken, Gefühle, Wünsche und Vorstellungen zu schweigen beginnen, dann wird der Mensch wesentlich, das heißt, er wird Er selbst.

In diesem Augenblick erwacht in uns die Kraft der Erkenntnis und die Weisheit der inneren Führung erhebt unsere Wahrnehmungsfähigkeit in das Reich des Geistes hinauf, wir werden fähig zu begreifen, was wir vorher nicht fassen konnten.

Mehr beschreibende Worte sind nicht nötig. Wer diese Stille empfängt, wird aus ihr herausgeführt. Sie wird zum wortlosen Wissen.

In vieler Hinsicht verändert kehrt dann der Mensch in seinen Alltag zurück. Nun hat er verstanden. Er ist zu einer lebendigen Einheit geworden. Und er wird diese Stille immer wieder aufsuchen. In ihr wird er schöpferisch. Eine Grenze nach der anderen wird übersprungen. Die Stille dehnt sich immer mehr aus, löst zugleich alle Verkrampfungen der Seele, und uns wird die Antwort auf jede Frage, die Lösung jeder Not, die Erfüllung jeder Hoffnung zuteil.

Sitzübung als Vorbereitung zur Meditation

Lesen Sie sich auch diese Meditation erst einmal langsam durch. Nun wollen wir uns hinsetzen, wahlweise auf einen Stuhl oder auf den Boden im Schneidersitz mit einer Erhöhung unter dem Gesäß. Damit unsere Aufmerksamkeit in uns bleibt, können wir später ganz leicht unsere Augen schließen. Nun erspüren wir unsere Sitzhaltung.

Ein leichter Druck der Beine zum Boden und ein leichtes Anspannen der Gesäßmuskeln richten unser Becken auf; der Rücken wird nun gut gestützt und wir können freier atmen. Damit wir so aufgerichtet bleiben, entspannen wir uns langsam. Noch bestehende Spannungen in den Beinen lösen sich; auch in den Leisten, Oberschenkeln und den Gesäßmuskeln geben wir noch etwas nach und werden weicher. Wir kontrollieren das Becken nun wieder, ob es noch aufgerichtet ist, damit der Rücken nicht erschlafft einsinken kann.

Nun achten wir auf unsere Schultern und entspannen sie ganz bewußt. Gelingt dies nicht gleich, ziehen wir die Schultern ruhig noch einmal hoch, spüren die unangenehme Spannung dabei und lassen mit der nächsten Ausatmung ganz gelöst die Schultern fallen. Nur die Schultern, nicht den Rücken. Nun achten wir auf unseren Kopf. Er sollte ganz leicht und frei auf unseren entspannten Schultern schweben.

Wer bin ich?

Eine kleine Bitte um Schutz leitet unsere Meditation ein. Das ist für uns ganz besonders wichtig, weil wir uns auf diesem Weg in unsere inneren Tiefen nicht mehr selbst schützen können. Es können Gedanken, Gefühle und Zustände in uns wachwerden, die wir dann nicht mehr steuern können. Darum bitten wir jetzt um diesen Schutz, der uns sicher auf unserem Weg zu uns selbst geleitet und behütet.

Nun werden wir ganz still und bitten um die Gabe inneren Friedens … und um das Erkennen „Wer bin ich?" …

Fragen wir uns nun, wo wir dieses „Ich, das wir sind" suchen können:

Befindet sich dieses „Ich bin" in meinen Füßen oder in meinen Beinen?

Bin ich in meinem Bauch oder befinde ich mich in einem meiner Organe? Vielleicht bin „ich" in meinem Brustkorb oder in meinem Herzen?

Ich schaue in meinen Kopf nach und auch in ihm kann ich mich nicht finden.

Wir fragen weiter: Was ist mit dem Körper, kann er sich *allein* ohne mich bewegen? Können die Beine und Füße allein gehen – oder bewege ich sie, weil ich gehen oder mich setzen *will*?

Und was ist mit meinen Armen und Händen? Können sie ohne mich geben oder nehmen? Nein, das können sie nicht. Ich bin es, der sie bewegt, weil ich etwas nehmen oder geben möchte. Ich schaue meinen Körper an, schaue von oben auf ihn herunter.

Es wird mir klar, daß ich mich nicht in diesem Körper befinde. Wenn ich aber nicht in diesem Körper bin, dann muß ich außerhalb meines Körpers sein. Es wird mir bewußt, daß ich nicht an diesen Körper gebunden bin. Das „Ich, das ich bin" kann überall hingehen, es ist an keinen Ort gebunden.

Ich bin es, der diesen Körper als Werkzeug benutzt. Er wurde mir gegeben, damit er mir dient und nicht ich ihm. Er, mein Körper, ist ohne mich hilflos. Er muß meinem Willen folgen, mir dienen, denn ich bin es, dem die Herrschaft über diesen Körper gegeben wurde. Es wird mir bewußt, daß das „Ich bin" ein vom Körper unabhängiges, geistiges Wesen ist, mit einem wahrnehmenden Bewußtsein.

So ist dieses Ich, das ich bin, etwas, was wahrnehmen kann. Ich nehme mein Sein bewußt wahr. Ich bin Bewußtsein.

Etwas tut sich auf in mir, mehr und mehr kann ich wahrnehmen und wird mir bewußt.

Ich erkenne: Mein Bewußtsein ist nur ein kleiner Teil des großen, unendlichen, ewigen Bewußtseins, jener Kraft, die alles geordnet und geschaffen hat.

Nun können wir uns der Unendlichkeit des Lebens bewußt werden. Wir erkennen die wohlgeordnete Harmonie, mit der die Kraft des unendlichen Bewußtseins als wahres Selbst in uns wirkt. Wenn unser menschliches „Ich bin" das nur immer zulassen würde!

Sehr aufmerksam und wach bleiben wir nun eine Weile in dieser wunderbaren, ordnenden und klärenden Stille, und erkennen:

„Ja, ich bin, ich bin, der ich bin."

Jede Meditation beenden wir mit kräftigem Räkeln und Dehnen.

Erwarten Sie bitte nicht sofort Ergebnisse. Jede Erwartungshaltung schränkt uns ein und verhindert spontane Erkenntnisse.

Wie kann ich mich von Schuldgefühlen, Ängsten, Krankheiten und Vorurteilen befreien?

Die Ahnung von der wahren Natur des Menschen, die Harmonie und Gesundheit, ja alles, was wir so sehr ersehnen, ist tief in jedem Seelengrund vorhanden.

Die Seele ist der Träger unseres ewigen Lebens. In ihr liegt unser eigentliches, unser ursprüngliches Leben.

Alles, was besteht, ist aus geistigem Ursprung. Wir kommen aus dem Geist und gehen in ihn wieder ein. Das Bewußtsein dafür ist nur von unserer Ich-Bezogenheit und unserem materialistischen Denken verschüttet worden. Unser menschliches Bewußtsein ist ausgerichtet auf das Dasein in dieser Welt. Leider erfahren wir so immer wieder auch die Begrenztheit dieser Wirklichkeit.

Die Erfüllung, die uns diese Welt bietet, erweist sich dann als Schein. Kurze Vergnügungen, die hinterher oft doch nur schal schmecken. Der Spaß, den uns die Werbung verspricht, ist – wenn überhaupt vorhanden – meist nur kurz.

Niemals können wir im Äußeren das finden, was wir uns im Inneren erhoffen und ersehnen. Den tiefen Frieden für uns, die innere Ruhe, die warme Geborgenheit, harmonische, liebevolle Beziehungen und Freude des Herzens. Unser Körper, der der Materie angehört, ist so vergänglich wie alles in dieser Welt. Er ist lediglich die sichtbare, äußere, grobe Hülle unserer Seele. In ihr ruht unser wahres Sein, ein in sich geschlossener, nicht mehr teilbarer, energetischer, geistiger Wesenskern, ein Samen, aus dem immer wieder Neues hervorgeht. Die Erkenntnis dieses wahren Seins ist jedem Menschen möglich. Jeder, der den Wunsch in sich verspürt, kann diesen inneren Weg gehen. Er wird deshalb so genannt, weil wir durch ihn die in uns liegenden Grundkräfte des Lebens wieder zu erschließen vermögen.

Das heißt, wir entfalten sie durch Selbsterkenntnis und Vergebung. Verwirklichung bedeutet, daß wir dies auch wahrhaft leben müssen. Alles, was wir unserer Seele an falschen Vorstellungen, Neigungen, Wünschen als Ballast aufgebürdet haben, müssen wir wieder loslassen lernen, damit sich das reine, helle Licht, unser unendliches Bewußtsein in uns wieder entzünden kann.

Dieser Ballast, den wir nur durch eine innere Reinigung abwerfen können, umhüllt wie ein dichter Mantel unsere Seele und läßt die geistigen Lebenskräfte kaum noch hindurch.

Diese dichte Hülle aus unseren negativen Eigenschaften gilt es zu erkennen; es ist das „Ich bin" des Körpers, unsere menschliche Persönlichkeit.

Wenn wir den inneren Weg gehen, lernen wir durch Achtsamkeit auf unser Denken, Reden und Handeln dieses „Ich" in uns zu beobachten. Alles Negative können wir dann zur Umwandlung dem höheren „Ich bin" der in uns wirkenden geistigen Kraft übergeben.

Auf diese Weise praktizieren wir die Reinigung unseres Gemütes – und wo früher so häßliche Grundeigenschaften wie Antipathie, Unfreundlichkeit, Angst, Eitelkeit, Haß, negatives Kritisieren, Ungeduld, Zorn, Eigensinn und Überheblichkeit, Neid, Eifersucht, Unzufriedenheit und Nörgelei sowie Undankbarkeit herrschten, ziehen nun durch Erkenntnis, Willenskraft und Ausdauer die positiven Eigenschaften wie Geduld, Toleranz und Mut ein. Statt Schwäche und Angst sind Zuversicht, Ruhe und Gelassenheit unsere Begleiter.

Entschlußlosigkeit und Trägheit verschwinden ebenfalls, statt dessen werden wir mit kraftvoller Energie erfüllt sein. Wann immer wir uns nach innen wenden und um die innere Führung des höheren „Ich bin" in uns bitten, haben wir die Gewißheit, daß wir frei werden von allem, was uns plagt. Denn diese innere Kraft geht dann auf allen unseren

Wegen vor uns her und macht alle krummen Wege für uns gerade.

Die innere Kraft wandelt alles um!

Was wir auf den vorhergehenden Seiten lesen konnten, wollen wir jetzt praktisch üben.

In einer Meditation wird uns dann vielleicht einiges davon bewußter werden.

Alles, was uns noch Unruhe im Inneren bringt, unser liebloses Verhalten, die allzu menschlichen Schwächen und auch die vielen energieraubenden Gedanken an gestern, vorgestern, morgen oder gar übermorgen, alle diese bedrückenden Gedanken und Gefühle wollen wir jetzt loslassen lernen.

Wir wollen uns davon befreien.

Meditation:

Wir nehmen eine aufrechte Sitzhaltung ein, wie auf Seite 119 in diesem Kapitel ausführlich beschrieben.

Nun wollen wir uns entspannen. Wir prüfen unsere aufrechte Wirbelsäule, die von unserem aufrechten Becken und von festen Bauch- und Rückenmuskeln gestützt wird.

Unsere Wirbelsäule soll so fest sein, daß wir uns in unserer Vorstellung an sie anlehnen können. Wir wissen inzwischen auch schon, daß wir alle Spannungen des Körpers, auch die tieferliegenden, von unserem Gesicht aus lösen können. Unser Kopf thront stolz auf unseren entspannten Nacken- und Schultermuskeln. Unsere Augen sind geschlossen. Wir zaubern nun ein leichtes Lächeln auf unser Gesicht. Es ist das freundliche Lächeln unserer Augen. Ein Lächeln, das den entspannten Unterkiefer, die weichen Lippen und die lockere Zunge nicht mit einbezieht. Wir spüren, daß aus diesem Lächeln freundliche Gestimmtheit erwächst, die zunächst nur nach außen strahlt, dann aber mit der ruhigen Bauchatmung, die durch unser Lächeln ebenfalls bewirkt wird, mehr und mehr zur ruhigen Gelassenheit wird, die auch nach innen strahlt.

Eine kleine Weile lasse ich es so in mir atmen.

Ich stelle mir nun in meinem Inneren einen Berg vor. Ich weiß, daß ich die Spitze des Berges erklimmen muß, wenn ich mein kleines menschliches Bewußtsein zum großen unendlichen Bewußtsein umwandeln will. Hoch auf der Bergesspitze leuchtet dieser kraftvolle, umwandelnde Lichtstrom auf, und zu ihm führt mein Weg.

Am Fuße des Berges ist ein breiter, bequemer Weg sichtbar. Leicht und unbeschwert, so scheint es, wandere ich zunächst auf diesem breiten Weg dahin.

Ich weiß, ich bin ein Geschöpf des Kosmos und als solches gehöre ich ins Licht und so werde ich die Höhe und das Licht auch erreichen.

Doch auf einmal spüre ich, daß mir etwas den Aufstieg erschwert. Ich fühle mich plötzlich schwer und etwas zieht mich nach unten.

Ich bleibe stehen und bemerke, daß es mein Rucksack ist, der mich herabzieht. Er wiegt schwer von meinen zweifelnden Gedanken und Gefühlen an den Alltag gestern und morgen.

Ich beginne zu überlegen: Was kann ich aus meinem Rucksack zurücklassen, was hindert mich am meisten, weiter nach oben zu gehen?

Sind es meine Neigungen zur Ungeduld und zur Lieblosigkeit meinem Nächsten gegenüber?

Meine mangelnde Bereitschaft, anderen zu helfen, weil jeder schließlich für sich selber sorgen muß?

Ich nehme nun aus meinem Rucksack diese so schwerwiegenden negativen Eigenschaften heraus, und wenn ich mich jemandem gegenüber in dieser Weise falsch verhalten habe, dann bitte ich ihn jetzt um Vergebung.

Ich fühle mich nun erheblich erleichtert und freudig nehme ich meinen Rucksack wieder auf und wandere weiter bergauf.

Nach einiger Zeit fühle ich mich wieder schwer, und wieder zieht mich etwas herab.

Ich setze mich zur Rast hin und überlege gut:

Was kann ich nun zurücklassen?

Ich denke über den täglichen Streß nach und die hektische Betriebsamkeit; über den Leistungsdruck und meine innere Unruhe, die mich aggressiv macht, mich laut werden läßt oder ich muß es schlucken, um des lieben Friedens willen. Ich nehme das, was ich an negativem Verhalten in mir erkenne, aus meinem Rucksack heraus und fühle mich gleich wunderbar erleichtert.

In jedem meiner Mitmenschen ist das gleiche innere, wahre Wesen. Jeder von uns ist ein geistiges Geschöpf, und in jedem fließt dieser Licht- und Kraftstrom der Schöpfung. Weiter wandere ich bergauf; mein Rucksack ist wieder leicht und mein Atem geht ruhig und gelassen. Ich fühle, daß meine Glieder beschwingt und leicht sind. Ich freue mich, daß ich es bald geschafft habe; der Gipfel des Lichts ist nicht mehr fern von mir.

Wieder läßt mich etwas innehalten, was hindert mich nun wieder daran, weiter zu gehen?

Ich überlege: Sind es Zweifel an der Wirksamkeit der umwandelnden Kraftstrahlung? Kann ich nicht daran glauben, nicht darauf vertrauen? Warum nicht?

Ich frage mich, warum ich meine Ängste und Probleme, meine Sorgen und Bedrückungen behalten will.

Vielleicht möchte ich durch meine Sorgen Aufmerksamkeit von anderen haben oder durch meine Krankheit Bedauern auslösen? Auch Anerkennung oder Lob von anderen nehme ich gerne an. Denn meinen Sinn für Gerechtigkeit schätze ich hoch ein und meiner Logik kann sich so leicht niemand entziehen.

Ich überlege nun gut: Was will ich zurücklassen und davon abgeben – und was will ich noch behalten? Ich weiß jetzt, es ist der Ballast der niederen menschlichen Eigenschaften, der mich von meinem Weg ins Licht abhalten will.

Ich bemühe mich nun, meine allzu menschlichen Regungen und meine negativen, Aufmerksamkeit fordernden Eigenschaften abzulegen und zurück zu lassen.

Jetzt spüre ich, wie ich frei werde. Alles geht ganz leicht und beschwingt, ich nähere mich dem alles durchströmenden Lichtstrom der Bergspitze.

Ich halte noch einmal ein und frage mich: Habe ich jetzt die nötige Liebe in mir?

Ich bitte um Hilfe und geistigen Beistand. Von nun an will ich bei meinen Gedanken, Worten und bei meinem Handeln aufmerksam sein. Ich weiß, daß alles, was von mir ausgeht, auf gleiche Weise zu mir zurückkommt.

Friede, unendlicher Friede zieht nun in mich ein und Stille, unendliche Stille umfängt mich. Stille und Frieden atme ich nun, Licht durchstrahlt mich und läßt mich leuchten. Die Liebe durchströmt meine Seele, durchstrahlt meinen Körper, schenkt die Heilkraft für jede Zelle, für jedes Atom in mir. Ich bin, das ist das Licht in mir, ich bin, das ist die Kraft in mir. Es ist das Leben …

Eine Weile bleiben wir noch in dieser wunderschönen, belebenden Stille und Harmonie des Unendlichen. Dann kehren wir langsam wieder an die Oberfläche unseres Menschseins zurück.

Ein herzhaftes Strecken, Räkeln, Dehnen und Gähnen beendet dann unsere Meditation.

Wichtig:

Was wir für uns als unwichtig und negativ erkannt und losgelassen haben, wollen wir nicht mehr zurückholen. In unserem Alltag wollen wir von nun an auch das leben, was wir in der Meditation anstreben.

Gedanken, Worte und Werke: Von der Notwendigkeit positiver Gedanken

Unser Kosmos ist erfüllt von einer einzigen Energie.

Immer ist die gleiche Kraft der Ursprung alles Geschaffenen, ja aller Formen. Es ist die geistige, göttliche Urkraft oder kosmische Kraft. Alles, was ist, entstand und entsteht aus dieser geistigen Kraft und ist umgewandelt, sichtbarer Ausdruck dieser Kraft.

Jeder Mangel, jede Disharmonie, alles Schwache und Kranke ist ein Ausdruck des Fehlens dieses Kraftstromes.

Deshalb ist das Harmonisieren so wichtig für uns. Es bedeutet ein Wiederanschließen an diese geistige Kraftströmung. Ein Wiederauffüllen von etwas nicht mehr Vollständigem.

Wir können, wenn etwas leer geworden ist, es nicht dadurch auffüllen, daß wir nur darüber nachdenken, warum es leer wurde. Genausowenig hilft es uns, wenn wir uns darüber ärgern, schimpfen oder uns ständig Selbstvorwürfe machen.

All dieses wird nichts an dem Zustand des Mangels ändern.

Es gibt nur einen Weg zur Harmonie:

Den Mangel durch das Auffüllen mit Harmonie beseitigen.

Und das ist der Weg des Positiven in Gedanken, Worten und Werken. Nur dann bleiben wir mit unserem kleinen menschlichen Ich unter der Kontrolle unseres wahren Ich, dem unendlichen Bewußtsein. Wenn wir uns nun schon entschlossen haben, den inneren Weg zur Harmonisierung zu gehen und vor Enttäuschungen bewahrt bleiben wollen, müssen wir ab jetzt umdenken.

Jede Mangelsituation ist Disharmonie, und wenn wir sie beachten, ihr Aufmerksamkeit schenken, entzieht sie uns die kosmische Kraftströmung.

Wenn uns nun der Mangel bewußt wird, arbeiten wir sofort an der harmonischen Lösung. Selbst in einer für uns negativen, also ungünstigen Situation können wir bei genauer, innerer, ruhiger Betrachtung Positives und Harmonisches entdecken.

Machen wir uns immer wieder bewußt, daß hinter allem Sichtbaren die geistige Kraft steht. Sie ist bemüht, alles, woran wir glauben, wovon wir überzeugt sind, was wir denken, sagen und tun, für uns zu realisieren.

Das heißt aber auch für uns: Solange wir negative Gedankenstrukturen bejahen, so lange wird es uns schwerfallen, sie zu zerstören.

Negatives hat nur deshalb Gestalt angenommen, weil wir es im Geist bejaht haben. Wenn wir es aus unseren Gedanken streichen, verschwindet es sofort. Seit Generationen sind wir geprägt, das Negative für wahrscheinlicher zu halten.

Es scheint fast so, als ob wir auf Selbstmord aus sind.

Zu diesen Enttäuschungen und Situationen von Krankheit, Armut und Not ist es nur deshalb gekommen, weil wir zu sehr aus dem körperlich und menschlich Geistigen, unserem Ego heraus lebten. Da aber alles Menschliche unvollkommen ist, so ist es auch unser menschliches Denken und Verstehen. Vollkommen werden wir erst, wenn wir in all unserem Tun die kosmische Kraft walten lassen und aus unserem wahren Selbst heraus leben und wirken. Dann bringen wir die geistig aufbauenden Kräfte in uns zum Fließen, und diese lebendige Kraftströmung wandelt alles für uns in harmonische, gesunde, liebevolle, ausreichende Versorgung um.

Wir haben nun erkennen können, daß jeder Gedanke, gleich welcher Art, Kraft ist. Durch die Gedanken wird uns Energie zugeführt oder Energie entzogen. Durch unsere Gedanken wirken wir auf das entsprechende Bewußtseinszentrum ein. (Die einzelnen Bewußtseinszentren sind in Kapitel fünf erklärt.)

Durch positives Denken verstärken wir die Aktion des betreffenden Bewußtseinszentrums und dadurch fließt den angeschlossenen Organen die Lebenskraft zu.

Unsere Zellen und unsere Nerven, unser Herz und unser Kreislauf, alle unsere Organe verlangen nach diesen Lebenskräften.

Empfangen können wir diesen lebenserhaltenden Kraftstrom aber nur, wenn wir uns auf seine Wellenlänge eingestellt haben. Das heißt, wir haben unsere niedrige, menschliche Schwingung, unsere Wellenlänge durch positives Denken in Worten und Werken in eine höhere Schwingung veredelt. Dann liegen wir auf gleicher Welle und ziehen den harmonischen Kraftstrom, der von hoher Schwingung ist, an.

Genauso ziehen wir auch die negative, niedrige Schwingung an, die in sich schon alles Zerstörerische, Zersetzende, Trennende, Krankheitbringende trägt. Wer erwartet, daß nur die positiven Gedanken Früchte tragen, der irrt sich und wird enttäuscht.

Je mehr wir nun unseren Körper und menschlichen Geist durch positive, aufbauende Gedanken verfeinern, um so höher ist unsere Schwingung und um so intensiver fließt uns über den Wesenskern unserer Seele die Kraft zu.

Sie strömt über die Bewußtseins- und Energiezentren, durch unseren Lebensstamm – die Wirbelsäule, fließt in alle Nervenzentren und Nervenbahnen, berührt und aktiviert sowohl das Nervensystem als auch alle unsere Organe. Jede Zelle, alle Drüsen und Hormone werden von dieser Kraft gespeist und aufgebaut, Krankes und Schwaches wird zur Ausscheidung gebracht.

Dieser lindernden und heilenden Kraft, der Kraft aus dem unerschöpflichen Geist, liegen als Antriebskraft allein unsere positiven Gedanken zugrunde. Diese Kraft wartet nur darauf, sich in uns zu verströmen.

Beginnen wir schon heute damit, uns der inneren Kraft

zuzuwenden. Sie wird uns durchströmen und später sogar *um*strömen. Einmal erweckt, ist diese geistige Kraft spür- und fühlbar.

Nun ist es ja nicht so einfach, nur noch positiv zu denken.

Es gehört schon Wille und Ausdauer dazu, sich immer wieder zu besinnen, um den wirbelnden Gedanken Einhalt zu gebieten.

Wir müssen uns nur immer wieder eindringlich bewußt machen, daß sich bei negativen Überzeugungen und Gedanken die geistige Lebenskraft in uns verringert, daß sie sich aus den Energie- und Bewußtseinszentren zurückzieht, wenn wir diese entsprechend unserer Gedanken belasten. Die dem Bewußtseinszentrum zugeordneten Organe und ihre Zellen verlieren dann ihre Aktivität und erschlaffen. Unsere Nerven verspannen und verkrampfen sich, und die Durchblutung des gesamten Organismus ist unzureichend. Wir haben den Mangelzustand wiederhergestellt, indem wir uns für alle möglichen Viren und Bakterien und Krankheitserreger öffnen, die jetzt durch die geschwächten Organe leichtes Spiel haben. Durch die Reduzierung der Lebenskraft in unseren Organen werden wir also krank. Wir verstehen jetzt sicher, daß wir durch negatives Denken und Handeln selbst zu unserem größten Feind werden.

Wären wir mit unseren Gedanken immer in völliger Harmonie mit dem absoluten Gesetz des Lebens von Ursache und Wirkung, dann wären wir gesund und völlig immun gegenüber Krankheitserregern.

Besinnungsübung

Eine kleine Besinnungsübung hilft uns, unsere anfangs noch bunt dahinwirbelnden Gedanken einzufangen und damit unserer Unfähigkeit, konzentriert und gezielt zu denken, ein Ende zu machen.

Vorläufig dürfen wir noch froh sein, daß sich nicht sofort alle Gedanken realisieren. Die wundervolle Ordnung des Kosmos macht es uns erst dann möglich, unsere Gedankenkräfte zu realisieren, wenn wir dafür reif sind. Das heißt, wenn wir uns unserer Verantwortung dessen, was wir bewirken können, voll bewußt sind.

Die Frage, warum wir auf unserem inneren Weg noch keine außergewöhnlichen Erfahrungen aus höheren Welten machen dürfen, ist damit auch beantwortet. Oder sind wir uns ganz sicher, daß uns nichts, aber auch gar nichts mehr ängstigt oder uns Sorgen macht? Sind wir uns ganz sicher, daß wir uns in jedem Augenblick unseres Lebens geführt wissen, das heißt, daß wir uns führen lassen, im vollsten Vertrauen auf unsere innere Kraft? Erst wenn dieses absolute Vertrauen da ist, sind wir für ein Leben in feinstofflichen Welten reif. Bis dahin brauchen wir Kraft, Wille, Geduld und Ausdauer, um auf zwei Ebenen gleichzeitig an uns zu arbeiten. Auf der einen Ebene die liebevolle Hinwendung zu unserem Nächsten, der nur mein Bruder oder meine Schwester sein kann, denn die geistige Kraft, die mich belebt, pocht auch in ihm, und auf der anderen Ebene die bewußte und gezielte gedankliche Schaffung zur Harmonisierung meiner inneren und äußeren Welt.

Konzentrations- und Besinnungs-Übung:

Wir setzen uns aufrecht hin und entspannen unseren Körper, dann lenken wir die Aufmerksamkeit auf unser Gesicht und entspannen es.

Nun schaffen wir mit einem freundlichen Lächeln in unseren Augen eine heitere, gelassene Gestimmtheit für innen und außen.

Wir spüren unsere kleine Ruheatmung tief unten im Bauch. Dort lassen wir es nun atmen.

Wir wollen uns nun auf uns selbst besinnen.

Zunächst achten wir nur auf unseren Gedankenstrom; unablässig versucht er unsere Aufmerksamkeit auf die vielfältigen Gedanken zu lenken.

Voller Ruhe und Gelassenheit sagen wir nun zu uns:

„Ich lasse mich nicht einfangen, ich besinne mich auf mich selbst. Das ‚Ich, das ich bin' ist in Wirklichkeit ein friedvolles, ruhiges Wesen; es ist kraftvoll und strahlt Ruhe aus.

In mir selbst ist die Ruhe. Alles, was ich tun muß, ist mich zu besinnen, wer ich bin.

Mein ursprüngliches Leben beruht auf Liebe, Kraft, Weisheit, Gesundheit, Glück und Zufriedenheit.

Diese Gaben sind Kräfte meines Bewußtseins.

Ich glaube an die geistige Kraft in mir. Es ist die Kraft, aus der ich komme. Ich glaube an meine positiven Qualitäten. Ich habe Liebe und Verständnis für mich, und so kann ich auch den anderen lieben, mit all seinen Fehlern und Schwächen, weil ich ihn nun verstehen kann. Wirklich lieben heißt auch loslassen! Loslassen heißt, daß ich mich von meiner Erwartung lösen muß, daß der andere so sein soll, wie ich ihn haben möchte. So eine Erwartungshaltung ist unrealistisch und gefährlich, denn wenn der andere etwas ganz anderes tut und dabei sogar noch verärgert ist, so werde ich mich zu ihm auf seine Wellenlänge oder Schwingungsebene begeben und werde mich negativ anstecken. Das heißt, nun ärgere ich mich auch. Lieben heißt also loslassen; den anderen so lassen.

Ich nehme mir ab jetzt vor, Achtung vor dem anderen zu haben und an ihn zu glauben, gleichgültig, was passiert. Ich werde ihm diese Achtung und Liebe nicht entziehen, sondern ihm helfen und ihm Kraft geben, seine Fehler zu überwinden. Ich gebe dem anderen den Glauben an sich selbst, an sein wahres Wesen, aber das kann ich nur tun, wenn ich auf die gleiche Weise auch mit mir umgehe.

Auch wenn ich einmal nervös sein sollte, aggressiv und unausgeglichen, dann weiß ich, daß das noch Produkte aus meinem vergangenen, negativen Denken sind. Jetzt aber bin ich frei und fühle mich wohl und ich mache einen Schlußstrich unter alles."

Zu tiefes Eingehen in die Vergangenheit, Nachgrübeln über verlorengegangene Harmonie zieht uns nach unten und füllt die Harmonie nicht auf. Die Schuldursache wird doch nur bei den anderen gesucht, in unserem Umfeld oder bei den Umständen oder, oder ...

Die Ursachen liegen nicht draußen, sondern nur in uns selbst – durch unsere eigenen Gedanken bewirkt. Negative, zweifelnde, problembelastete Gedanken rauben uns viel Kraft, und wir stellen es uns sehr schwer vor, in schwierigen Situationen ruhig zu bleiben und ausreichende geistige Kraft zu haben. Wo nehmen wir diese Kraft nur her? Wahr ist, daß wir uns durch jede Form von positiven Gedanken mit dem inneren Kraftstrom verbinden und auf diese Weise geistige Kräfte entwickeln. Gerade in belasteten Situationen brauchen wir viel innere Kraft und Stärke, um die negativen Gedanken zu ordnen, sie loszulassen und alles für uns auf positive Weise umzuwandeln.

Hierbei helfen uns die östlichen Meditationsformen wenig. Durch ein sogenanntes „Mantra", ein Wort, das für eine Weile gedanklich wiederholt wird, oder durch konzentriertes Zählen schränkt man die Gedankentätigkeit ein und erzielt so eine Beruhigung und Entspannung.

Die tiefgreifende Bewußtseinsveränderung und die geistige Erneuerung finden wir jedoch nur dann, wenn wir uns und den anderen vergeben und uns unsere positiven Eigenschaften „einpflanzen".

Und das geschieht nur durch die richtigen, wahren Gedanken über uns selbst, die wir ganz fest in uns verankern.

Wahrnehmungs-Übung: Verfeinern der Sinne

Bei dieser Übung haben wir die Möglichkeit, uns in unserer Ganzheit voll bewußt zu werden. Sie macht uns ganz besonders deutlich, daß wir – das „Ich bin“ in uns – ein geistiges Wesen sind, das sich seines Daseins bewußt ist. Wir sind Bewußtsein, mit einem Körper, durch den wir uns bewegen und handeln können und mit einem menschlich denkenden Geist, durch den wir uns Ausdruck und Sprache verleihen können. Die nun folgende Übung erweitert unsere Wahrnehmungsfähigkeit und schult unsere inneren und äußeren Sinnes-Empfindungen.

Zunächst lesen wir uns diese Übung einmal durch oder sprechen sie auf eine Cassette. Später legen wir uns auf eine zusammengefaltete Decke in die Rückenlage. Unter unseren Kopf legen wir ein kleines Kissen. Wenn wir leicht frieren, decken wir uns zu. Unsere Beine liegen ausgestreckt, aber ganz locker nebeneinander.

Die Arme liegen ebenfalls locker neben unserem Körper. Die Handflächen bilden nach oben kleine Schalen. Nun schließen wir unsere Augen und beginnen uns in unseren Körper hineinzuführen. Wir entspannen uns. Wir lassen unsere Beine schwer werden und lassen alle Spannungen los. Wir spüren unseren Rücken und lassen alle Spannungen aus unserer Wirbelsäule los.

Ganz besonders lassen wir uns in den Schultern los.

Wir legen unsere Lasten ab, die wir ihnen auferlegt haben. Unser Kinn ziehen wir ein wenig näher an den Hals. Das dehnt die Nackenpartie und läßt auch noch einmal die Schultern locker werden.

Nun entspannen wir unser Gesicht.

Wir lassen den Unterkiefer hängen und unsere Lippen weich und voll werden. Die Wangen sinken zu den Ohren und entspannen sich. Die Augen sinken ganz entspannt zurück in den großen Stirnraum.

Wir denken an das freundliche Lächeln mit unseren Augen.

So bewirken wir ganz automatisch unsere Ruheatmung, tief unten im Bauch.

Nun lassen wir diese freundliche, heitere Stimmung auch in unser Inneres strahlen.

So vorbereitet, innen wie außen, ruhig und gelassen, aber nicht müde, sondern hellwach in unserem Bewußtsein, nehmen wir uns in unserer den Körper begrenzenden Haut wahr.

Wir wissen, daß wir in unserer Haut kleine sensible Organe haben, die sich auf alles, was von außen her unsere Haut berührt oder noch nicht einmal berührt, einstellen und unserem Gehirn die entsprechende Meldung zukommen lassen.

Jetzt stellen wir uns vor, daß diese kleinen Empfindungsnerven durch unsere Haut nach außen fühlen können, um das Umfeld um uns herum wahrnehmen zu können.

Wir richten nun die Aufmerksamkeit auf unsere Füße. Rundherum erspüren wir unsere Haut, die der Fersen, der Fußsohlen und der Zehenspitzen.

Wir stellen uns vor, daß wir von unseren Füßen aus den ganzen Raum unter und über und vor den Füßen erspüren können.

Wenn wir dabei sehr aufmerksam bleiben, spüren wir tatsächlich etwas. Unser Bewußtsein nimmt eine Veränderung wahr. Auf diese Weise spüren wir uns auch in unsere Beine hinein. Wir erspüren die Haut unserer Waden und Schienbeine, die der Knie und die Haut unserer breitaufliegenden Oberschenkel. Wieder haben wir die Vorstellung, daß unsere Haut keine Grenze ist, sondern wir spüren uns noch weit aus ihr heraus in den Raum.

Nun fühlen wir uns in unser breit und bequem aufliegendes Becken ein.

Wir spüren unsere Haut über den Hüften, die der Pohälften und die Haut in der Kreuzbeinregion.

Nun spüren wir die Haut unseres Bauches unter dem Nabel. Hier bewegt es sich ganz leicht durch unsere Ruheatmung.

Wenn wir sehr aufmerksam bleiben, spüren wir, daß wir uns aus dem Unterleib weit in den Raum hineinfühlen können.

Das liegt daran, daß wir hier in unserem Becken hochsensible Nervenzentren besitzen, die sofort auf die Außenwelt reagieren.

In unserer Mitte fühlen wir uns in die Haut unseres Oberbauches ein. Auch hier können wir eine leichte Atembewegung spüren, wir erspüren die Haut über den oberen Rippen und unseres Rückens in der Lendenwirbelsäulenregion. Große Aufmerksamkeit zollen wir jetzt unserem Nabelbereich. Auch hier befindet sich wieder ein hochempfindsames Nervenzentrum, das alle von außen kommenden Schwingungen anzieht und aufnimmt.

Unser Brustraum besitzt ein ebenso empfindliches Zentrum. Unser Herz ist hier der Knotenpunkt. Wir fühlen uns durch die Haut unseres aufliegenden Rückens, durch die Unebenheit unserer Schulterblätter in die empfindsame Brustwirbelsäule. Nun spüren wir uns durch die entlasteten Schultern, und nun öffnen wir uns durch unser Herz und den Brustraum nach außen. Unser Bewußtsein ist ganz wach und aufmerksam, und unsere Wahrnehmung dehnt sich weit nach außen, um das Umfeld bis weit in den Raum hinein wahrzunehmen.

Auch unsere Arme und Hände spüren wir nun in ihren aufliegenden Flächen. Ganz besonders empfindsam sind unsere Hände. In den Handinnenflächen und in den Fingerkuppen sind wir so sensibel, daß wir jede von außen kommende Schwingung aufnehmen.

Wir lenken nun unsere Aufmerksamkeit in den Kopf.

Unser Ausdruckszentrum in der Kehle und des Nackens ist schon der Bereich unserer Seele. Entsprechend empfindsam ist hier die Haut; durch das Bewußtwerden zum Beispiel wird ein leicht vibrierendes Wärmegefühl entwikkelt.

Wir wollen nun unsere Sinne ansprechen, damit sie uns in rechter Weise helfen, nach innen zu hören und nach innen zu sehen. Solange unsere Sinne nur nach außen hören und sehen, können sie unseren inneren Weg nicht erleuchten.

Wir bitten unsere Augen, von nun an die Dinge des Lebens im rechten Licht zu sehen.

Vor meinem inneren geistigen Auge erscheint ein Bild. Ich sehe einen Baum, dessen Zweige sich leicht und harmonisch im Wind hin- und herbewegen. Die zarten, grünen, feingeäderten Blätter tanzen nach der Musik der geistigen Kraft, die sie geschaffen hat. Meine Augen sehen nun in allem, was ist, die Vollkommenheit, den Geist des Lebens. Ich weiß nun, daß alles, was lebt, vom Geist bewegt wird.

Und diese Kraft wirkt auch in mir, sie ist die Antriebskraft in meinem Leben. Ich kann jederzeit positiv oder negativ auf meine Sinne und mein Leben einwirken, denn ich bin der Gestalter meines Schicksals.

Nun spreche ich meine Ohren an.

Ich bitte meine Ohren, von nun an in rechter Weise zu hören, daß sie die lauten und schrillen Töne der Welt nicht mehr eindringen lassen.

Sie sollten mir helfen, still zu werden, damit ich die feine Stimme in meinem Inneren hören kann, die mir sagt, wer ich bin und wohin mein Weg geht. In allen Klängen und Tönen kann ich nun den Geist des Lebens erkennen. Er hat die Melodie des Lebens geschrieben und spielt sie auf vollendete Weise.

Ich spreche meine Nase und meinen Mund an.

Meinen Geruchssinn bitte ich, von nun an die belebenden Düfte und heilenden Aromen noch intensiver wahrzunehmen. Der frische Geruch und der herzhafte Geschmack von frischen Kräutern und ein kräftiger Laib Brot machen mich froh und geben mir Kraft.

Ich bitte meine Sinne, mich vor Giften und sonstigem Schaden zu bewahren. Nach und nach lasse ich von schädlichen Speisen ab und wende mich gesunder Nahrung zu.

Mein Wohlbefinden steigert sich, und in mir breiten sich Frieden und Harmonie aus.

Da ich weiß, daß mein inneres, wahres Wesen von kraftausstrahlender Ruhe durchdrungen ist, werde ich von nun an auch in meiner Sprache und in meinem Ausdruck Ruhe tragen. Vorwürfe und Härte in der Stimme will ich von nun an meiden. In allem, was ich empfinde, denke und spreche, soll mein inneres Wesen sein „Ich lasse das Ewige in mir atmen" und die allmächtige Kraft in Seele und Leib pulsieren.

Auf diese Weise finde ich immer mehr zur inneren Stille, zur Freude, zu tiefem Frieden und zur Harmonie.

Meine Sinne verweilen noch eine Zeitlang in dieser wunderbaren Empfindung der kraftvollen Gegenwart.

Wenn wir die Übung beenden wollen, atmen wir kräftig durch, dann räkeln und dehnen wir uns, gähnen herzhaft, und dann können wir mit der Gewißheit, wunderbar gestärkt zu sein, aufstehen.

Vom Geist, der in uns lebt

Sitzhaltung:

Wir sitzen nun wieder auf unserem vorbereiteten Platz. Unsere Hände liegen wie geöffnete Schalen mit den Handflächen nach oben. Sie symbolisieren unsere Empfangsbereitschaft. Sollte aus irgendwelchen Gründen die Sitzhaltung schwerfallen, so können wir natürlich auch liegen, nur ist die Gefahr des Einschlafens gegeben und wir wollen doch im wachbewußten Zustand die kraftvoll wirkende Gegenwart unseres höheren Selbst, des unendlichen Bewußtseins erfahren.

Was wir anstreben ist ein Bewußtseinszustand, in welchem diese wirkende innere Kraft in uns das Leben übernimmt. Nur durch sie erreichen wir Harmonie, Glück, Gesundheit und Fülle. Diese Gegenwart ist es, die uns dann leitet, in sinnvoller Arbeit auf allen Gebieten des täglichen Lebens. Je mehr Vertrauen wir in diese allheilende Gegenwart unseres unendlichen Bewußtseinsstromes setzen, um so mehr wird uns Lebensglück und Erfolg zuteil.

Die Besinnung auf diese Kraft und Fülle in uns ist wie das Einschalten von Licht. Genauso hell und licht wird es in unserem Leben sein, wenn wir die Gegenwart des unendlichen Bewußtseins, die Kraft Gottes in uns wirken lassen.

Bevor wir uns nun auf unseren Weg in die Stille begeben, nehmen wir unseren Körper noch einmal ganz bewußt wahr und sorgen für Entspannung und ruhevollen Atem. Wir schließen unsere Augen und lenken unsere Aufmerksamkeit auf unseren Atemstrom, auf das ruhige Ein- und Ausströmen des Atems durch die Nase. Die Einatmung empfinden wir als angenehm kühl, uns frische Kraft bringend.

Die Ausatmung empfinden wir als sanften, warmen Hauch, mit dem wir alles Schädliche, Verbrauchte loslassen können.

Wir wollen nun mit jeder Ausatmung noch verbliebene störende Spannungen loslassen.

Stellen wir uns unseren Atemstrom vor, wie er uns ganz fein durchströmt, Spannungen löst und uns die Entspannung bringt. Nun lenken wir den Atemstrom durch unsere Beine, dabei atmen wir bewußt langsam aus, lassen los und entspannen.

Nun atmen wir im Beckenraum aus, lassen los und entspannen. Auch im Bauchraum: ausatmen, loslassen und entspannen. Ebenso im Brustraum: ausatmen, loslassen und entspannen. Und in den Armen: ausatmen, loslassen und entspannen. Auch in unserem Kopf wollen wir ausatmen, loslassen und entspannen ...

Nun zur Gesichtsentspannung. Sie löst tiefer liegende Spannungen. Wir haben nun eine breite, glatte Stirn, und unsere weit geöffneten Augen schauen unter den geschlossenen Lidern in den Nasenwurzelraum. Ein leichtes Lächeln liegt auf unserem Gesicht. Wir spüren die leichte Dehnung. Der Unterkiefer ist locker, unsere Lippen liegen weich und voll aufeinander ... Die leichte Ruheatmung hat sich in unserem Leib eingependelt. Wir sind zur Ruhe gekommen.

Jetzt weiß ich: „Ich kann ausatmen, loslassen, mich entspannen. Jederzeit kann ich ausatmen, loslassen, mich entspannen. Alles, was mein Wohlbefinden stört, kann ich ausatmen, kann ich loslassen; ich kann mich entspannen."

So vorbereitet, werden wir in eine friedvolle Ruhehaltung versetzt. Bitten wir nun um unseren Schutz, damit wir sicher behütet den Gang in die Stille antreten dürfen. Um unsere Wahrnehmungsfähigkeit zu erweitern, verweilen wir nun bei einigen Gedanken über die wechselnden Jahreszeiten:

Der Frühling mit seinem frischen erwachenden Grün und den ersten wärmenden, hellgoldenen Sonnenstrahlen ... Erinnern wir uns? An den betörenden Duft des Flieders oder an den lieblichen Duft der Maiglöckchen? An das aufbrechende Leben rings um uns herum? Erinnern wir uns?

Denken wir nun an den Sommer mit seiner Vielfalt von Farben, an die kräftig duftenden Blumen, die herrlichen, leuchtenden Rosen, an das satte Grün der Wiesen, der Bäume und Sträucher. Auch an den kräftigen, würzigen Geruch gemähten Grases, an die wogenden Felder? Erinnern wir uns? Das Leben ist gereift und steht in seiner Fülle.

Der Herbst macht uns besinnlich. Er mahnt ans Sterben, an das abnehmende Leben. Wir denken an die Leben spendende und wieder aufnehmende Erde. So sind auch die Farben des Herbstes: gelb, braun, rot. Golden durchstrahlt von der schon tiefer stehenden Sonne. Auch an den leicht modrigen Geruch des herabfallenden Laubes erinnern wir uns jetzt. Das Leben nimmt ab, läßt los, zieht sich nach innen.

Nun folgt der Winter, die Erde ist nackt. Alles hat sich zurückgezogen, gesammelt im Schoß der Erde. Die Zeit der Stille und des Wartens hat begonnen.

Zu weiten Teilen bedeckt der Schnee die Erde. Ein weißes, leuchtendes Feld ... Kälte und Rauhreif verzaubern die Winterlandschaft, wir sind ergriffen von der Schönheit der Natur. Ein Kreislauf hat sich geschlossen. Gewißheit sinkt uns ins Herz. Wir wissen, daß wir voll Vertrauen und Zuversicht das wieder neu beginnende Leben erwarten dürfen. Wir wissen, daß nichts von dem, was wir sind, nichts von dem „Ich bin" in uns sterben kann. Es ist diese innere Gewißheit der in uns und um uns herum waltenden geistigen Kraft, die Gegenwart des unendlichen Bewußtseins, die unserem Leben Sinn und inneren Frieden gibt.

Jetzt weiß ich, daß mein Bewußtsein Teil dieses unendlichen Bewußtseins ist, daß es als das „Ich bin" in mir waltet und daß ich jetzt nachlassen kann mit meinen persönlichen Bemühungen. Ich brauche mir keine Sorgen um mein tägliches Leben zu machen. Ich brauche keine Angst mehr zu haben vor Krankheit, Not und Tod, denn es gibt keinen Mangel, wenn ich mein höheres Selbst, das unendliche Bewußtsein in mir walten lasse.

Worüber sollte ich mir noch sorgende, mich negativ beeinflussende Gedanken machen, wenn diese göttliche Gegenwart, die mir das Leben und als Werkzeug meinen

Körper gab, auch die ist, die mich erhält und auf alle erdenkliche Weise für mich sorgt. In dieser Gewißheit kann ich nun ganz ruhig sein, denn ich weiß, daß das unendliche Bewußtsein mit seinem ordnenden, allmächtigen Kraftstrom überall schon vor mir ist und mir alle Wege ebnet, die zu meiner Selbstverwirklichung führen.

Solange wir uns wohlfühlen, bleiben wir in dieser wunderbaren Geborgenheit.

Wir beenden dann die Meditation mit einem kräftigen Räkeln, Dehnen und herzhaftem Gähnen.

Erkenne und heile dein Leben

Ich glaube, wir haben inzwischen erkennen können, daß jeder von uns für sein Leben in dieser Welt selbst verantwortlich ist.

In jedem Augenblick erzeugen unsere Gedanken und unsere Worte unsere Zukunft. Wir selber sind auch in jedem Augenblick unseres Lebens die Macht, die bestimmt, wie unsere Zukunft aussehen wird. Positiv oder negativ.

Niemand anders ärgert uns und legt uns Lasten auf. Wir selbst sind es, die sich Sorgen machen, die sich mit Negativem belasten, die an sich zweifeln, sich für schlecht halten, für zu dumm, ja die sich selbst hassen. Woher kommt das alles? Es liegt begründet in unserer Vergangenheit, in unserer Erziehung seitens unserer Eltern, Lehrer und anderer Personen. Ihre festen Lebensregeln, die sie ja auch nur von ihren Eltern erhalten haben, prägen heute unser Verhalten. Dazu einige Beispiele, wie wir uns je nach Erziehung entwickeln können.

Wenn man sich für wertlos hält, nicht gut genug („Du bist das gar nicht wert!“), dann könnte unser Erwachsenendasein von vielen Aktivitäten geprägt sein. Man wertet sich auf, sucht sich „Pöstchen“.

Wenn an einem ständig Selbstzweifel nagen („Das kannst Du nicht – Dazu bist Du nicht gut genug!“), könnte unser Erwachsenendasein durch ein aufgesetztes Märtyrertum geprägt sein. Man bietet ständig Hilfe an, damit man Dank und Lob erhält.

Wenn einen Ängste quälen oder verfolgen („Wenn Du nicht brav bist, holt Dich der Schwarze Mann!“), könnte unser Erwachsenendasein von Entschlußlosigkeit und Mißtrauen geprägt sein.

Wenn man sich unsicher fühlt, etwas für einen „zu hoch“ ist („Dazu bist Du zu dumm. Das ist ‚zu hoch‘ für Dich!“), könnte unser Erwachsenendasein von einem starken äußeren Sicherheitsbedürfnis geprägt sein. Nicht selten sind dann Draufgängertum oder überflüssige Mutproben die verzweifelten Beweise dafür, daß man doch nicht so unsicher ist.

Wenn man unfähig zur Liebe ist, unfähig, sie zu geben oder anzunehmen, dann kann unser Anspruchsdenken falsch sein („Du mußt erst lieb sein, dann bekommst du was du möchtest.“). Unser Leben könnte dann von Enttäuschungen, von Depressionen und Pessimismus geprägt sein. Man wird lustlos, fühlt sich wertlos und nimmt nicht mehr am Leben teil.

Wenn man Ordnungsfanatiker ist („Du mußt gehorsam sein!“; „Ordnung muß sein!“), könnte unser Leben auch von Entschlußlosigkeit, von Hörigkeit gegenüber der Obrigkeit geprägt sein. Man kann nicht allein entscheiden.

Wenn man sich selbst haßt („Das tut man nicht!“; „Das ist schlecht, das ist pfui!“), könnte unser Leben von Pharisäertum geprägt sein. Man spielt den Moralapostel, verurteilt andere, weil die eigenen sexuellen Wünsche und Gefühle verdrängt werden.

Wir sind auf dieser Welt, um zu lernen und unsere Seele zu reinigen, damit sie zu dem wird, was sie war: ein göttliches Wesen. Ich glaube, daß die Welt nur eine Durchgangsstation ist, daß wir in unserer Seele schon die Belastungen mitbringen, die wir im Erdenleben verarbeiten sollen. Also suchen wir uns gemäß unserer Aufgabe schon die Eltern aus, die uns die ersten Erfahrungen zur Lösung unserer Aufgabe liefern. Im Verlauf unseres Lebens werden wir dann immer wieder die gleichen Erfahrungen machen.

Immer wieder ziehen wir Menschen an, die uns die gleichen negativen Erfahrungen durchmachen lassen. Unsere Seele versucht, uns im Laufe unseres Lebens Möglichkeiten zu verschaffen, diesen negativen Kreislauf zu durchbrechen. Immer wieder müssen wir auf Grund unserer Verhaltensstruktur Situationen negativer Art erfahren wie Leid, Krankheit und harte Schicksalsschläge, aber wir dürfen auch spirituelle, beglückende Erfahrungen machen, in denen es uns möglich wird, unser wahres Wesen zu erkennen. Oft genügt schon eine einzige Erfahrung, um dies zu erkennen.

Das alles zeigt uns, daß es wirklich nur an uns liegt, unserem Leben eine andere Richtung zu geben.

Was ist nun zu tun, wie können wir uns helfen?

Zunächst einmal müssen wir erkennen, daß wir niemand anders für unsere Erfahrungen verantwortlich machen können. Wir können damit anfangen, uns selbst zu vergeben, das heißt, jeder muß sein wahres Selbst, das Lichtwesen in seiner Seele für unsere menschlichen Schwächen und Neigungen, für unser allzu menschliches Verhalten um Vergebung bitten.

Der zweite Schritt wäre, daß wir um Vergebung der Mitschuld bitten, die uns mit unserem Nächsten verknüpft. Denn wir sind auch schuldig an seinem negativen Kreislauf. Auf diese Weise vergeben wir uns selbst und unserem Nächsten. Dann sind wir frei. Frei für ein gutes, erfülltes Leben in der Zukunft. Frei auch für die Liebe, die uns dann durch unser wahres Selbst zuströmen kann.

Nur durch Erkennen, Annehmen und Vergeben können

wir unser Leben ändern. Die Wurzel unserer Fehlhaltungen, unser wahres Problem, läßt sich nicht so einfach lösen, nicht durch Leugnen und nicht durch positives Überlagern. Erst wenn wir bereit sind, uns zu verändern, lösen sich alle krankmachenden Schatten auf.

Die Liebe ist der große Heiler. Sie verzeiht und vergibt, sie löst alle Konflikte und heilt unser Leben, stellt die Harmonie in allen Lebensbereichen wieder her.

Wenn wir das erkennen können, hören wir auf, mit unserem menschlichen Verstand Dinge verändern zu wollen. Dann hören wir auch auf, in fremden Weisheitslehren zu suchen – oder Ausschau nach hohen Meistern zu halten. Unser wahres Wesen ist viel leichter zu erreichen, es ist bereits in uns, befindet sich in unserer Seele und wartet auf Kommunikation mit uns.

Erkennen wir:

Alles was wir ersehnen, ist in uns, ist in unserem geistigen Bewußtsein bereits vorhanden.

Liebe, Harmonie, Gesundheit, Glück und Erfolg gehören zu einem vollkommenen Wesen, und dieses Wesen ist in uns, war immer in uns und wird immer in uns sein. Es vermag mit seinem unendlichen Bewußtsein und seiner unerschöpflichen Kraft alles zu unserem Besten heranzuziehen. In der Ruhe und Stille einer Meditation ist der Zugang zu ihm geöffnet, fließt uns der kosmische Kraftstrom zu. Geben wir unser kleines, menschliches „Ich bin" zugunsten des höheren „Ich bin" in uns auf, und alles in unserem Leben wird gut.

Die richtige Nahrung wählen

Ein wesentlicher Faktor für unser körperliches und geistiges Wohlbefinden ist auch unsere Ernährung.

Eine Ernährung, die den kosmischen Gesetzen entspricht, dient unserer körperlichen und geistigen Entwicklung.

Ist nun unser Körper auf eine Kost eingestellt, die ihm viel Kraft raubt und wenig aufbaut, wie beispielsweise Gebratenes oder zu lange Gekochtes, wenig Frischkost, dazu vielleicht noch ein Zuviel an Nikotin, Alkohol oder Tabletten, dann befindet sich unser Körper in einer niedrigen, krankheitsfördernden Schwingung.

Falsch wäre es jetzt, diesem Körper durch eine Radikalkur alles zu entziehen. Alles, was abrupt geschieht, wirkt wie ein Schock auf Seele und Körper; es verkrampft unser Nervensystem und verändert den Körperrhythmus.

Es ist unser Verhalten, das unseren Körperrhythmus bestimmt. Wir wissen ja, daß wir durch unsere Denk- und Lebensweise harmonisierend oder zerstörend auf unseren Körper einwirken.

Deshalb wollen wir uns immer wieder zur Ruhe rufen, indem wir alles ganz bewußt harmonisch vollbringen.

Gestalten wir von nun an unser Frühstück abwechslungsreich und vermeiden Weißbrot, dem fast alle wertvollen Substanzen entzogen wurden. Mit Backwaren aus vollem Korn nehmen wir viele Ballaststoffe zu uns; dadurch wird der Darm gereinigt und belebt. Wir können auch einen Apfel essen, aber wir sollten ihn langsam und gründlich kauen.

Wenn wir nur gespritztes Obst zur Verfügung haben, dann legen wir es zehn Minuten lang in warmes Wasser, dem wir einen Schuß Essig oder eine Prise Salz hinzugefügt haben. Salz oder Essig löst die unreine Schicht, mit der das Obst überzogen ist.

Auch Müsli aus frisch gemahlenem Getreide mit Früchten, Honig und Milch je nach Geschmack – ein hervorragendes Frühstück.

Sämtliche Kornarten sind als Aufbaustoffe für den Körper anzusehen. Die Körner besitzen hohe Lebensbestandteile, die auch auf die Seele anregend wirken, wenn wir bewußt essen.

Unser Mittagessen sollte ebenfalls bescheiden sein: Wenig Teigwaren, lieber Gemüse- oder Obstgerichte, Kartoffeln, Getreide aller Art und Reis.

Meiden wir alle scharfen Speisen und Gewürze, nehmen wir wenig Salz, eventuell Kräutersalz, und statt Essig nehmen wir lieber Zitrone!

Das Abendbrot sollten wir nach Möglichkeit nicht später als 18.30 Uhr einnehmen. Es sollte sehr leicht sein, eine Suppe, ein Stück Brot, Salat und Obst.

Meiden wir auch Gebäck aller Art. Es ist wohl für den Gaumen angenehm, nicht jedoch für unsere Organe und die Zellschwingung. Jedes Naturprodukt, das vom Mensch veredelt wurde, hat nur noch den halben Nährwert. Es schwemmt den Körper auf, und wir werden unansehnlich und dick. Dadurch belasten wir unseren Kreislauf, mit anderen Worten: Wir tun unserem Körper nichts Gutes!

Jede andere „tote“ Nahrung, sei es Fleisch oder Fisch, belastet unseren Körper ebenso. Gerade durch die tote Nahrung, in der sich Vorgänge abspielen, die wir noch gar nicht ergründen können, wird die Zellschwingung des Körpers reduziert, und das kann bei einem labilen Menschen zu Krankheiten führen.

Aber noch einmal die Bitte: Lassen wir keinen Fanatismus walten. Solange der Gaumen noch danach verlangt, sollte ihm – in geringem Maß – entsprochen werden. Ein Körper, der sehr lange Fleisch und tote Nahrung aufgenommen hat, muß langsam umgestellt werden.

Je schneller unsere geistige Entwicklung fortschreitet, desto leichter wird uns die Umstellung fallen.

Kapitel 5: Heilende Tiefenmeditationen in den Energiezentren und Bewußtseinsstufen

Harmonie ist Leben und Gesundheit des Körpers

Heute wird es immer weniger möglich, uns durch Gespräche mit therapeutischen Behandlungen und entsprechenden Medikamenten in einen ruhigen Zustand zu versetzen, damit sich die selbstheilenden Kräfte aktivieren können.

Schmerzen und Ängste lassen uns schnell und unbedacht nach Medikamenten greifen, deren Nebenwirkungen wir oft nicht kennen.

Wir haben so wenig Zeit, über uns selbst nachzudenken, deshalb bleiben wir sowohl tagsüber als auch in der Nacht ein mit unruhigen Gedanken und Gefühlen behafteter Mensch. Am Tag finden wir keine Ruhe, nachts keinen Schlaf. Um uns alle Wünsche erfüllen zu können, jagen wir dem Geld nach und geraten auf diese Weise immer mehr in das Mahlwerk des Streß.

Das machen unsere Nerven, je nach Alter, früher oder später nicht mehr mit.

Die Folge sind Spannungen und Verkrampfungen des Nervensystems und jeder Spannungszustand, der längere Zeit andauert, bewirkt in unserem Inneren einen Abfall des Körperrhythmus. Die Folge davon ist die Störung unseres gesamten Lebensrhythmus. Wir werden müde und lustlos, unserem Leben gegenüber gleichgültiger. Negatives Denken und Handeln bestimmen unseren Alltag. In allem und jedem sehen wir dann nur noch Schlechtes. Auf diese Weise ziehen wir uns selbst herab und unser Nervensystem verkrampft sich. Unsere Körperschwingung wird immer geringer.

Die kosmische Kraft, die wir als alles Leben erhaltende geistige Kraft betrachten, kann uns durch die Blockierung des Nervensystems nun nicht mehr durchstrahlen und unseren Körper auch nicht mehr zur Selbstheilung anregen.

Steht also unser Denken und Handeln, unser Leben nicht im harmonischen Einklang mit den Kräften des Kosmos, fließt uns aus dieser ewigen Energiequelle nur noch geringe Energie zu, das heißt, daß Körper und Seele ermüden. Die menschliche Energie muß nun allein den Körper versorgen. Sie steht uns allerdings nur begrenzt zur Verfügung und muß ständig neu erzeugt werden, da sie einem hohen Verbrauch unterliegt. Die menschliche Energie braucht Lob und Anerkennung, um sich aufzubauen. Ebenso wirken verdiente Beförderungen und die Liebe. Auf negative Weise verschaffen wir uns Energie, wenn wir hassen, neiden, aggressiv oder eifersüchtig sind. Aber immer bleibt die menschliche Energie begrenzt. Selbst wenn wir pfleglich damit umgehen, bleibt ein Vorrat, der sich immer wieder erschöpft. Unbegrenzt dagegen ist die geistige Energie. Haben wir einmal den Kanal zu ihr geöffnet, steht sie uns in ihrer Grenzenlosigkeit zur freien Verfügung. Es liegt also an uns, wie wir uns entscheiden, um mehr Energie und Leistungskraft für Körper und Seele zu erhalten. Entscheidend dafür sind unsere Überzeugungen, unser Denken, Sprechen und Handeln. Aus der Quelle dieser schöpferischen Energie strömt unablässig, selbstlos fließend der Leben erzeugende Kraftstrom, unabhängig davon, ob wir ihn aufnehmen können oder nicht. Unser menschliches Denken ist aber von egoistischer Prägung. Es will alles für sich haben und auch behalten.

Allein schon dieses „für sich behalten wollen“ – der Wunsch, daß nur *ich* diese Liebe empfange – verwandelt die positive, geistige Energie in negative. So wie wir sie empfangen und aus ihr das harmonische Leben bekommen, so müssen wir sie an unsere Nächsten weitergeben.

Empfangen können wir diesen geistigen Kraftstrom über unsere Seele, genauer gesagt über ihren Wesenskern, unser wahres Ich. Über ihn werden uns die Lebenskräfte zuteil und strahlen dann heilbringend in unseren Körper aus.

Die Aufnahmefähigkeit für den Kraftstrom der Liebe ist um so größer, je mehr das menschliche Wesen frei von allzu menschlichen Schwächen und Negativem ist.

So bestimmen wir also selbst das Ausmaß der geistigen Energien, die uns zuteil werden.

Hoffnung und Vertrauen, Glaube und Liebe, die Hinwendung nach innen machen uns den Weg frei, sie sind die „Brücke zum Selbst".

Die Energie- und Bewußtseinszentren im geistigen Kreislauf

Auf unserem inneren Weg haben wir inzwischen erkennen dürfen, daß alles, was wir Leben nennen, in Wirklichkeit das Leben unserer Seele ist. Es sind unsere Gedanken, Gefühle und Eigenschaften, die ihrem Inhalt gemäß den Leib oder das Kleid der Seele bilden und auf diese Weise auch den menschlichen Körper. Gleich nach der Geburt eines Kindes übernimmt die Seele die volle geistige Funktion und die Zuführung der Lebensenergien für den heranwachsenden Menschen. Sie empfängt beständig die Lebensenergien aus dem ewigen Lebensquell, der Urkraft. Je intensiver die Einstrahlung, um so höher ist die menschliche Schwingung und um so gesünder ist der Mensch.

Er wird von Sorgen, Belastungen und Problemen frei. Der innere Wesenskern unserer Seele ist ein winziger Energiepunkt, und wie eine Antenne ist er auf den Quell der schöpferischen Kraft ausgerichtet. Die empfangene Energie wird dann in den Seelenleib und in die im Menschen befindlichen Bewußtseinszentren weitergeleitet. Von hier aus gelangt sie als heilende und aufbauende Kraft in unseren gesamten Organismus. Wenn wir uns nach den kosmischen Gesetzen richten und vor allem danach, daß Gleiches Gleiches anzieht, dann ziehen wir verstärkt den geistigen Kraftstrom an und gesunden an Leib und Seele. Wir können uns das ganz einfach vorstellen: Wenn wir beispielsweise im Frühjahr beginnen einzusäen, braucht das Saatgut in beständiger Wechselwirkung den Wind, den Regen und die wärmenden Strahlen der Sonne. Sie bringt als Lebensspenderin die Frucht zum Reifen. Ohne Sonne würden Pflanzen und Früchte gar nicht zur Vollreife gelangen. Das aufblühende Leben ist ohne die Sonne in Gefahr zu erkranken, zu verfaulen und zu sterben. So ähnlich können wir uns auch die geistigen Vorgänge vorstellen.

Die Kraft der inneren Sonne nimmt zu oder verringert sich in dem Maße, wie wir uns verhalten. In Gedanken, Worten und Werken. Damit wir uns das alles besser vorstellen können, folgt im Anschluß an diesen Text eine Zeichnung, die uns den Aufbau des geistigen Seelenkörpers in Verbindung mit dem menschlichen Körper zeigt.

Wir können uns die Energiebahnen, durch die die Lebenskraft strömt, wie einen Baum vorstellen, dessen kraftziehende Wurzel unser Gehirn ist. Der Stamm unseres Lebensbaumes entspricht dem Verlauf der Wirbelsäule, er wird gebildet von den sieben Energie- und Bewußtseinszentren. Sie verteilen die Lebenskraft über die feinen geistigen Äste und Zweige in alle zugehörigen Organe unseres Körpers, bis in die kleinste Zelle.

Die Seele mit ihrem inneren Wesenskern können wir uns in diesem feinstofflichen Körper in der Nähe der Hirnanhangdrüse vorstellen.

Über diesen Kern fließt die geistige Kraft ein und berührt schon beim Herabfließen in den Beckenraum links der Wirbelsäule die sieben Bewußtseinszentren. Im Bewußtseinszentrum des Beckens, in der Höhe des Steißbeins, sammelt sich die Lebenskraft und strömt dann durch einen zweiten geistigen Kanal rechts der Wirbelsäule entlang wieder nach oben zum Seelenkern. Von dort aus beginnt der geistige Energiekreislauf aufs Neue. Unserem vierten Bewußtseinszentrum, das wir in der Nähe unseres Herzens finden, kommt in diesem Kreislauf eine besondere Bedeutung zu. Bei genügender Aktivierung, die speziell durch menschliche Herzenswärme und Liebe erfolgt, zieht es die im Beckenraum gesammelte geistige Lebenskraft in ausreichender Fülle wieder nach oben. Unsere Bewußtseinszentren mit ihren „Gesundkräften" kommen dann in eine höhere Schwingung und Tätigkeit.

Wir alle sollten über diesen geistigen Energiekreislauf Bescheid wissen, denn wenn dieser kraftvoll fließt, sind wir auch weitgehend gesund und lebensstark. Es liegt an uns, die Aktivität zu beleben. Wenn wir von nun an unsere Gedanken und Gefühle ordnen und unterscheiden lernen zwischen positivem und negativem Verhalten, wird uns unser wahres Wesen klar und der Sinn des Lebens bewußt. Wir sind geboren, um unsere Kräfte zu entwickeln, um auf der Lebensebene schöpferisch tätig zu sein, damit sich mit und an uns der große kosmische Plan erfüllt.

Der geistige Lebensbaum und seine sieben Grundkräfte

Die siebente oberste Bewußtseinsstufe – das Scheitelzentrum – ist den Kräften der Gnade und Barmherzigkeit zugeordnet. Es ist eng verbunden mit der sechsten Bewußtseinsstufe– dem Stirnzentrum – dem Zentrum der geistigen Liebe. Es liegt in unserem Stirnraum zwischen den Augenbrauen im Nasenwurzelpunkt. Von diesem Zentrum fließt die Geistkraft in die fünfte Stufe – das Kehlzentrum –, in dem die Grundkräfte der Geduld und Güte wirksam werden. Dieses Zentrum liegt im Bereich der Kehle und des Nackens. In der Mitte des Brustraumes, zwischen den Schulterblättern, in der Nähe des Herzens, befindet sich unsere vierte Bewußtseinsstufe – das Herzzentrum – mit den Kräften der Wahrheit und des Ernstes. Ihm kommt eine erhöhte Bedeutung zu, weil es, einmal aktiviert, dem wahrheitssuchenden Menschen den erlösenden Weg öffnet.

Durch seine Entfaltung vermögen wir die unteren Bewußtseinszentren und Kräfte leichter zu aktivieren und ziehen den im Beckenraum ruhenden Kraftstrom ungehindert wieder nach oben. Die dritte Bewußtseinsstufe – das Sonnenzentrum – ist das Zentrum der Weisheit. Es befindet sich in der Nähe unseres Sonnengeflechtes, jenes hochsensiblen Zentrums unseres vegetativen Nervensystems. Von hier aus strömt die geistige Kraft in die zweite Bewußtseinsstufe – das Unterleibszentrum –, das Zentrum des kraftvollen Willens. Wir ordnen dieses Zentrum dem Unterleib sowie der Kreuzbeinregion zu. Die erste Bewußtseinsstufe – das Beckenzentrum – ist das Zentrum der kosmischen Ordnung. Es liegt im Bereich des Steißbeins. Hier unten im Beckenzentrum sammeln sich die geistigen Lebenskräfte und fließen im Stamm unseres geistigen Lebensbaumes wieder empor zur Wurzel der Seele. In unserem geistigen Wesenskern schließt sich dann der Kreislauf.

Aus der Quelle der Urkraft strömt das Leben, durchströmt den Menschen, erneuert sein Leben und fließt zurück zur Quelle.

Auf unserem Weg zur Verwirklichung sind wir nun schon ein gutes Stück vorangekommen. Wir haben erkannt, daß die Harmonie Gesundheit und Leben des Körpers bedeutet. Wir erhalten sie nur dann, wenn wir uns dem geistigen Kreislauf öffnen, das heißt, wenn der lebenspendende Kraftstrom in uns ungehindert fließen kann. Die folgenden Meditationen, denen wir eine harmonisierende Körperübung vorausschicken, erwecken in unserem geistigen

Lebensbaum die Kraftzentralen des Lebens und stabilisieren die sieben Grundkräfte und somit auch unsere Gesundheit.

Der geistige Lebensbaum im Menschen

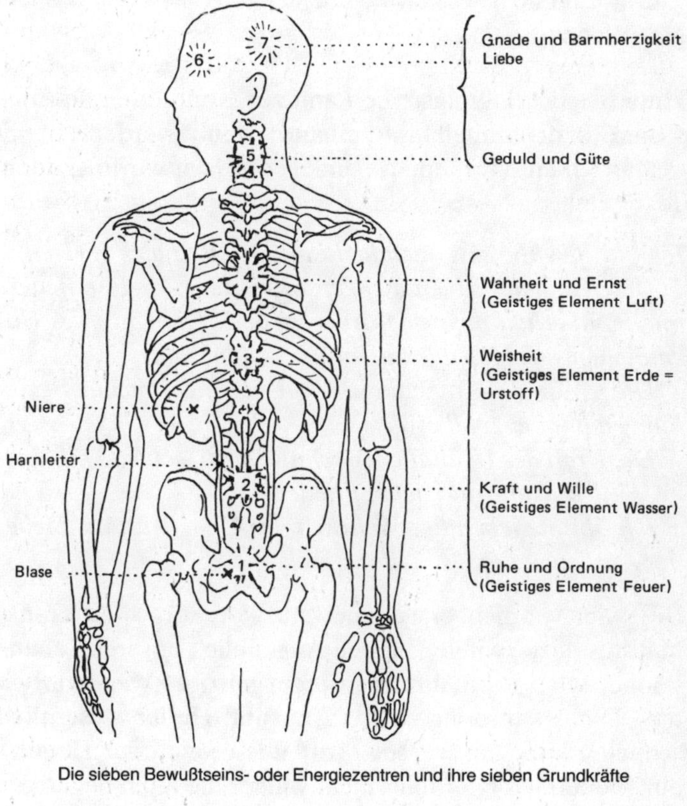

Die sieben Bewußtseins- oder Energiezentren und ihre sieben Grundkräfte

Der Gruß an die Sonne als Morgenmeditation

Hier möchte ich Ihnen zeigen, wie aus einer Körperübungsreihe eine Meditation werden kann. Der Gruß an die Sonne ist eine Übungsreihe aus dem Hatha Yoga (Mehr zum Thema Yoga finden Sie in meiner Buchcassette „Yoga für jedermann“, mvg-Verlag).

Die Übungen wirken belebend, aktivierend und energieaufladend.

Hinweis: Die Übungsreihe kann zur Konditionsstärkung 5 oder 10 mal schnell hintereinander geübt werden.

Danach eine Ruhepause einlegen, in der wir folgenden Text bejahen:

Ich bin Bewußtsein, unendliches Bewußtsein des Ewigen.

Die Kraft des Unendlichen strömt in mir, sie erneuert mich und erhält meinen Körper gesund. Die Kraft des Unendlichen sorgt für mich in ausreichender Fülle.

Die Kraft des Unendlichen harmonisiert meine Beziehungen auf liebevolle Weise.

Die Kraft des Unendlichen schützt mich, schenkt mir Liebe, Glück, Ruhe und tiefen Frieden.

Ich bin die lebendige Wahrheit der Ganzheit und Liebe, der Ausdruck Gottes in dieser Welt.

Beginnen wir nicht erst dann, wenn Not, Sorge und Krankheit uns dazu zwingen. Jeden Augenblick unseres Lebens können wir nutzen, um an unserem geistigen Weg zu arbeiten. Dann kann der innere Arzt und Helfer wesentlich schneller wirksam werden. Tritt Besserung oder Heilung ein, wollen wir allerdings nicht wieder die alten negativen Gewohnheiten aufleben lassen. Früher oder später zeigen sich dann erneut die Krankheit und das Leiden.

Alle Verstöße gegen die geistigen Kräfte unserer Bewußtseinsstufen bewirken ein Blockieren der Energien in uns. Sie fließen dann nur in geringem Umfang weiter, das heißt, die Energiezentren und ihre zugehörigen Organe leiden an Energiemangel. Die daraus resultierenden Verkrampfungen verringern die Organfunktionen und wir werden krank.

Auf wunderbare Weise sind der körperliche und der geistige Teil des Menschen miteinander verknüpft. So ergibt sich die Ganzheit des Menschen.

Sonnengruß – Texte

Grundhaltung

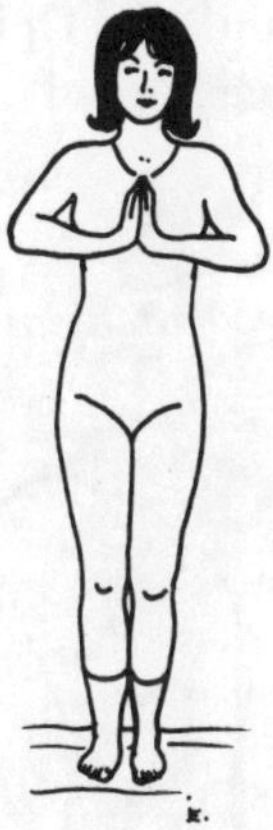

1. Meditationstext zur Grundhaltung:

„Ich bin verbunden mit dem Licht und der Kraft des Himmels und der Erde."

Rückbeugen

2. Meditationstext zum Rückbeugen:
„Ich öffne mich, atme und sehe Dein Licht, denn Du bist in mir und ich bin in Dir."

Vorbeugen

3. Meditationstext zum Vorbeugen:
„Die Lebenssonnenkraft in meiner Mitte bewahrend, verbeuge ich mich dankbar vor der Schöpfung."

Starthaltung

4. Meditationstext zur Starthaltung:
„Ich will gelassen die Spannungen des Tages erwarten, die Spannungen des Körpers, des Geistes und der Seele."

Brückenhaltung

5. Meditationstext zur Brückenhaltung:
„Ich will eine Brücke sein. Die Brücke zu meinem Selbst, zu Dir."

Kraft-Übung

6. Meditationstext zur Kraftübung:
„Demütig neige ich mich der Erde zu, bereit, alles zu lassen."

Kobra-Haltung

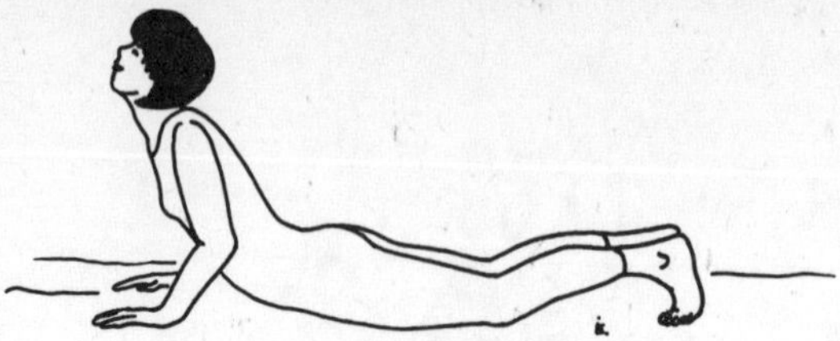

7. Mediationstext zur Kobra-Haltung:
„Dein Licht leuchtet mir. In mir ist das Licht Deines Geistes."

Brückenhaltung

8. Meditationstext zur Brückenhaltung:
„Ich bin die Brücke vom Dunkel zum Licht."

Starthaltung

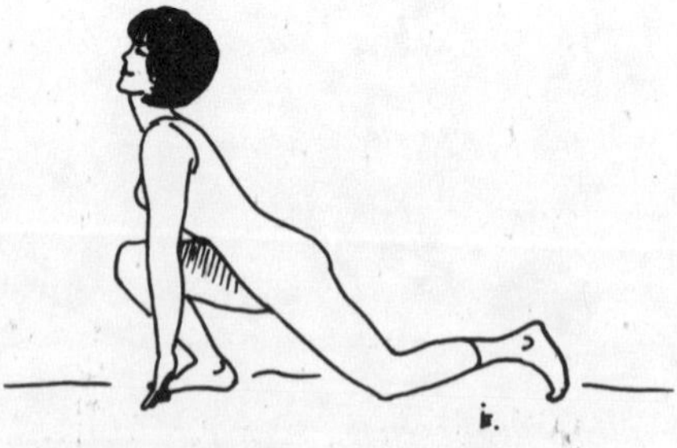

9. Meditationstext zur Starthaltung:
„Auf Dein Wort kann ich vertrauen."

Vorbeugen

10. Meditationstext zum Vorbeugen:
„Ich gebe mich Dir – meine Füße, meine Beine, meinen Leib, mein Herz, meine Gedanken, Worte und Werke."

Rückbeugen

11. Meditationstext zum Rückbeugen:
„Segne mich und durch mich alle Menschen und Wesen der Welt: die Tiere, die Pflanzen und das Mineralreich."

12. Meditationstext zur Grundhaltung:
„Ich danke für dieses geistige Wesen in mir. Ich erkenne: ‚Ich bin', das bist Du."

Das Leben bejahen und Heilung finden durch das „Ich bin"

Die Wirksamkeit der geistigen Kräfte wird allerdings nicht sofort zu spüren sein, denn der Abbau der negativen Verhaltensmuster ist nicht so leicht zu verwirklichen. Immer wieder werden wir unter Konflikten und den von uns geschaffenen Disharmonien, die sich als Krankheiten in den Organen auswirken, leiden.

Sie werden nur langsam gemäß unserer geistigen positiven Entwicklung abgebaut. Wir müssen Geduld mit uns haben.

Mit Sicherheit erhalten wir dann auch den ersehnten Erfolg. Selbst wenn nur ein Bewußtseinszentrum in uns stärker geöffnet ist, können die vermehrt fließenden Lebenskräfte den Organen Heilung oder Linderung bringen. Warten wir nun nicht länger.

Heute wissen wir, daß jeder organischen Erkrankung immer eine seelische Ursache zugrunde liegt. Deshalb können wir aus dem Zustand des jeweiligen Bewußtseinszentrums Rückschlüsse ziehen. Auf diese Weise erkennen wir die seelische Ursache und ihre dann sichtbar gewordene Wirkung. Wie können wir uns nun helfen?

Dazu ein Beispiel für das Erkennen unseres negativen Verhaltens und dessen Beseitigung:

Andauerndes unkontrolliertes Fehlverhalten in einer der Bewußtseinsstufen.

Im Herzzentrum wären die Auswirkungen der inneren Grundüberzeugung „Ich komme zu kurz“: Eifersucht, Besitzgier nach materiellen Gütern und starkes Sicherheitsstreben. Hier hilft nur das innere Erkennen des Fehlverhaltens, das tiefe Bereuen und der echte Wunsch, sich positiv zu verändern. Damit geben wir unserem inneren Helfer und Arzt die Möglichkeit, wirksam zu werden und in uns seine Heilkraft zu entfalten.

Tiefenmeditationen

Das Beckenzentrum: Die Stufe der Ruhe und Ordnung

Zur Stufe der Ordnung gehören die Geschlechsorgane im kleinen Becken, die Blase und der Enddarm sowie die Beine und Füße. Bei negativ geprägtem Verhalten in diesem Bereich haben wir mit Störungen und Erkrankungen zu rechnen. Das Bewußtseinszentrum der Ordnung liegt am Ende des Steißbeins und ist das Sammelbecken der herabfließenden geistigen Kraftströmung.

Wenn wir uns auf den inneren geistigen Weg begeben, beginnen wir am besten damit, Ruhe und Ordnung in uns wiederherzustellen. Leicht ist es nicht, aber wir gewinnen unendlich viel. Frei von Erkrankungen im Beckenraum zu sein sowie tragende Ruhe und Sicherheit sind die Bedingung dafür. Einiges werden wir allerdings auf unserem Weg nach oben loslassen müssen.

Ist aber unser unterstes Bewußtseinszentrum erst einmal geordnet, dann haben wir eine gesunde, harmonische Basis für unseren Weg zum Selbst und in die Freiheit geschaffen.

Noch ein Hinweis:

Ich empfehle die Meditationen im 14tägigen Wechsel 1x täglich zu üben, sie laut zu lesen oder nur gedanklich zu üben. Dabei nehmen wir uns Satz für Satz vor und lassen ihn in uns hineinsinken. Wir lauschen ihm nach. Dann können wir sicher sein, daß unsere Zellen und unsere Seele die positiven Gedankenkräfte annehmen und auf diese Weise eine höhere Schwingung bekommen. Mit der Zeit reflektieren unsere Zellen diese Schwingungen, das heißt, sie nehmen die Heilung des Geistes dankbar an.

Für viele von uns ist das Wort Ordnung unangenehm. Wir verbinden es mit Unterordnen und Zwang. Und das ist etwas, was wir alle nicht mögen.

Aber was ist Ordnung für uns? Ist es die Ordnung in der Wohnung, am Arbeitsplatz, bei den Behörden? Oder bedeutet sie geordnete Verhältnisse, ordentliche Kleidung?

Wir können zu ordentlich – das wäre übertrieben – oder unordentlich sein – bis hin zum Chaos, das hieße untertreiben. *Wie ordnen wir uns ein? Wie ist unsere Grundeinstellung?*

Wenn wir in unserem Inneren nicht zu einer natürlichen Ordnung und Sicherheit finden, zum Beispiel der Sicherheit, daß wir geistige Geschöpfe sind, die in Harmonie mit den kosmischen Gesetzen leben, dann versuchen wir oft eine äußere menschliche Ordnung herzustellen, die zum Beispiel in Putzwut oder Pedanterie enden kann. Die Grundeinstellung ist: „Alles muß seine Ordnung haben." Das Gegenteil ist dann Nachlässigkeit, Schlaffheit, die zur Lethargie führen kann. Die Grundeinstellung ist: „Es wird schon alles seine Ordnung haben." Meist ist dann der Sinn des Lebens verlorengegangen und man sieht keine Zukunft mehr für sich. Die Erde bietet keine Sicherheit.

Die Bewußtseinsstufe der Ordnung will uns in Harmonie sehen, als Geschöpf, das sich im Einklang mit den kosmischen Gesetzen befindet. Dazu gehört das volle Akzeptieren einer höheren Instanz, der kosmischen Ordnung, und das Einordnen in sie. Um nun herauszufinden, wie es mit unserer Ordnung steht, beantworten wir uns einige Fragen dazu. Sie betreffen unser Verhältnis zu unseren Mitmenschen und zur Natur. Ganz besonders wichtig ist das Verhältnis, das wir zu uns selbst haben. An erster Stelle fragen wir uns deshalb:

Wie stehe ich zu mir? Bin ich mit mir und meinem Geschlecht zufrieden oder täusche ich etwas vor, was ich nicht bin? Bin ich der Überzeugung, daß ich gut bin, oder meine ich, schlecht oder nicht gut genug zu sein?

Ordnung ist nur dann gegeben, wenn unsere Gedanken und Gefühle mit Sprache und Ausdruck übereinstimmen; wenn wir das, was wir sind, akzeptieren können – Verständnis für uns haben –, ja uns selbst lieben können.

Prüfen wir nun unser Verhältnis zur Natur:

Beachten wir bei unserem alltäglichen Tun die Lebenswelt der Pflanzen und Tiere, oder gehen wir achtlos und unbewußt zerstörend mit ihnen um?

Die Ordnung ist hergestellt, wenn es uns wichtig ist, den Lebensraum der Naturreiche zu achten. Das bedeutet, sie nicht auszurauben, unsinnig zu töten oder zu mißhandeln.

Und wie sieht es nun mit unseren Beziehungen zum Nächsten aus? Können wir ihn annehmen, so wie er ist und sehen wir in ihm das Positive, das gleiche, geistige Wesen? Oder sind wir erst einmal ablehnend eingestellt und voller Mißtrauen anderen gegenüber? Reagieren wir emotionell, vielleicht gar aggressiv auf unseren Nächsten?

Wenn wir ihn ablehnen, ihn nur negativ sehen oder ihn als Ärgernis und Störenfried empfinden, dann widerspricht das der kosmischen Ordnung.

Diese Ordnung stellen wir her, wenn wir unsere Konflikte bereinigen und auch unangenehmen Gesprächen dabei nicht ausweichen. Auf diese Weise verwirklichen wir die kosmische Ordnung in unserem Leben, und unsere Bewußtseinsstufe wird zur geordneten Basis für unseren Weg zur Harmonie.

Die Meditation für unser Bewußtseinszentrum der Ruhe und Ordnung

Wir nehmen für die folgende Meditation eine aufrechte Sitzhaltung ein. Zunächst lesen wir diese und die folgenden Meditationen durch oder hören sie von einer Cassette. Nun entspannen wir unsere Beine und legen die Hände nach oben geöffnet auf die Oberschenkel dicht an die Leisten. Unser Becken, die Stütze des Rückens, ist aufgerichtet, die Bauchwand zurückgezogen. Der Brustkorb ist weit und wir können frei atmen. Unsere leicht zurückgesunkenen Schultern sind entspannt. Wir haben eine stolze, thronende Kopfhaltung. Wir schließen ganz sanft die Augen und denken an das freundliche Lächeln, den liebevollen Blick, mit dem wir uns innen und außen selbst beschenken.

Wir fühlen uns wohl und unsere Atmung wird zunehmend leichter und freier. Alle Gedanken, die jetzt noch von uns Aufmerksamkeit verlangen, können wir mit dem Ausatmen loslassen und uns davon befreien.

Alles Bedrückende, mich negativ Belastende kann ich jetzt loslassen und ausatmen. Liebevolle Gedanken und Gefühle behalte ich und sende sie jetzt als aufbauende, positive Kraftstrahlen in meinen Körper. Mein Atem wird immer ruhiger und stiller, und auch in mir wird es nun ganz still. Jetzt habe ich alle äußeren Dinge losgelassen, ich fühle mich frei. Jetzt kann ich meine gesammelte Aufmerksamkeit in mein Energie- und Bewußtseinszentrum der Ordnung lenken.

Hier will ich mein Verhalten betrachten. Ich erkenne: Jeden Tag rege ich mich über irgendetwas auf, ärgere mich oft nur über Kleinigkeiten, reagiere nervös und bin aggressiv in meinem Verhalten meinen Nächsten gegenüber.

Auch mein gleichgültiges Verhalten zur Pflanzen- und Tierwelt wird mir nun bewußt. Achtlos gehe ich an der Natur vorüber. Ich erkenne mich auch in meiner Begierde, in meinem sexuellen Verhalten, meinem Mangel an Einfühlungsvermögen. Ich bin bereit mich zu verändern. Ich möchte in harmonischer, liebevoller, natürlicher, sexueller Beziehung leben. Ich will mich von meinem negativen Verhalten lösen, ich will es loslassen. Auch mein recht gieriges Verhalten beim Essen und Trinken will ich nun loslassen. Ich werde von nun an in meiner Ernährung sorgfältiger sein und mit den Gaben bewußter umgehen.

Ich ordne nun meine Beziehungen und sende liebevolle Gefühle aus. Ich kann jetzt in meinen Mitmenschen den Geist des Lebens erkennen, der auch in mir wirkt und waltet.

Ich will mich ordnen und aufmerksam auf meine Gedanken, Worte und Werke achten.

Ich achte bewußt auf das, was ich aussende.

Ich weiß jetzt, daß es auf mich zurückfällt.

Sende ich liebevolle Gefühle aus, dann erhalte ich sie zurück. Ich will Frieden und Freundschaft aussenden und sie kommen zu mir zurück. Ich weiß, daß das, was in mir ist, sich auch in meinem Äußeren ausdrückt. Innere Unordnung wird zur äußeren Unordnung. Wenn mein Denken, Wünschen und Wollen in Ordnung ist, dann strahle ich das auch nach Außen aus.

Nun will ich meinen Körper ordnen.

Meinen Organen des Beckens und meinen Beinen und Füßen sende ich nun liebevolle und aufbauende Gedankenkräfte zu und bitte sie, gut für mich zu funktionieren.

Der heilende geistige Kraftstrom in der warmen, roten Farbe des Lebens strömt nun in meine Organe und Zellen; ich sehe, wie sie sich mit neuer Kraft aufladen, sich aufbauen und gesund werden. Schwaches, Verbrauchtes, Krankes hat keinen Bestand mehr und wird nun zur Ausscheidung gebracht.

Meine positiven Gedankenkräfte sind das aufbauende Leben in mir. Ich bin geordnet in der Kraft, Ruhe und Sicherheit des Lebens. Ich verbringe noch einige Zeit in dieser geordneten Ruhe ...

Bevor wir wieder aufstehen, denken wir noch einmal daran, was während der Meditation in uns passiert. So, wie der Ruf in den Bergen als Echo zurückkommt, so reagieren auch unsere Zellen und unsere Seele. Was wir in unseren Körper und unsere Zellen hineindenken oder sprechen, wird reflektiert, das heißt, aufgenommen und wieder zurückgesandt. So entsteht ein positiver Kreislauf.

Beendet wird jede Meditation mit einem kräftigen Räkeln, Dehnen und herzhaftem Gähnen.

Danach gehen wir mit folgendem Vorsatz an unsere Arbeit: Was wir abgegeben haben, wollen wir nicht zurückerhalten, denn sonst verlieren wir die geistig aufbauende Lebenskraft.

Das Kreuzbeinzentrum: Die Stufe der Kraft und des Willens

Seine Lage ist in der Kreuzbeinregion, dazu gehören der untere Teil der Lendenwirbelsäule, die Ausscheidungsorgane, die Nieren, Nebennieren, Harnleiter, der gesamte Dickdarm und schließlich die untere Wirbelsäule.

Kraft und Wille, was ist damit gemeint?

Gemeint ist: Ein persönlicher, menschlicher Wille, der in Übereinstimmung mit dem Willen des Kosmos, mit Gott ist, also selbstlos, gütig alles berücksichtigend, gerecht nach seinem Willen, alles bedenkend.

Wir kennen sicher die Worte: „Uns geschehe nach seinem Willen", aber lassen wir das auch zu?

Verallgemeinernd kann man das verneinen. Wir sind geprägt von kräftigem Eigenwillen, wollen die Dinge selber geschehen lassen und sie auf unsere menschliche Weise durchsetzen. Die Grundeinstellung ist: „Ich werde mit meiner Meinung nicht genügend beachtet."

Das drückt sich auf recht selbstsüchtige Weise in Sein- und Haben-Wollen aus.

Wir wollen etwas haben, und zwar genauso und sofort. Das wäre wieder die Übertreibung unserer Willenskraft, dem gegenüber die Untertreibung steht. Das ist die Passivität. Das heißt, dem Nächsten gegenüber gleichgültig sein, denn die anderen werden das schon machen. Der Rücken wird schwach und kraftlos, wir haben kein Rückgrat. Die Grundeinstellung ist hier: „Das Leben ist so schwer."

Beantworten wir nun wieder einige Fragen und prüfen wir, wie wir uns sehen:

Bin ich einverstanden mit gefällten Entscheidungen, oder finde ich mich zu wenig im Mittelpunkt, zu wenig berücksichtigt, weil ich es doch in meinen Gedanken viel besser weiß als die anderen?

Auch meine Umwelt mache ich verantwortlich für den Streß, unter den ich mich gesetzt habe. Ich will etwas erreichen, will weiterkommen, und das will ich auch behalten.

Bin ich bereit, die Dinge so zu nehmen, wie sie sind, oder will ich nur meine Ideen realisieren?

Wie stehe ich zum Behalten-Wollen von materiellen Dingen, von Menschen, von Vorstellungen und Gewohnheiten?

Der selbstsüchtige Eigenwille ist eine weitverbreitete Fehlhaltung in diesem Bewußtseinszentrum.

Entsprechend dieses negativ geprägten Verhaltens – oft noch gekoppelt mit Ungeduld – werden sich die Erkrankungen der Organe dieses Bereiches zeigen. Vor allem leidet die Lendenwirbelsäule darunter. Die Nieren, der Harnleiter und der Dickdarm haben vor allem die Aufgabe, den Körper zu reinigen, ihn von Giften und Schlackenstoffen zu befreien. Somit entscheiden diese Organe darüber, was unseren Körper verläßt und was zurückgehalten wird. Auf selbstlose Weise arbeiten diese Organe in einer wunderbaren Ordnung.

Ähnlich können wir uns diese Arbeitsweise auch in unserem geistigen Leib – unserem Seelenkörper – vorstellen. Ist unser selbstsüchtiger Eigenwille stark ausgeprägt, so vergiften wir uns langsam selbst mit unserem zurückgehaltenen negativen Gedankengut.

Harmonie stellt sich erst dann ein, wenn wir den freien Willen des anderen so hoch achten wie den unseren, wenn wir uns selbst nicht mehr so wichtig nehmen und unser kleines Ich unter den Willen des höheren „Ich bin" stellen.

Die Meditation für unser Bewußtseinszentrum der Kraft und des Willens

Wir setzen uns für diese Meditation wieder aufrecht hin und bereiten uns wie bei der ersten Meditation auf die innere Stille vor. Wir schalten uns in den geistigen Stromkreis ein. Wir fühlen uns wohl und unsere Atmung wird zunehmend leichter und freier.

Alle Gedanken, die unsere Aufmerksamkeit noch fesseln, können wir mit der Ausatmung loslassen …

Alles Bedrückende, mich negativ Belastende kann ich jetzt loslassen und ausatmen.

Liebevolle Gedanken und Gefühle behalte ich und sende sie jetzt als aufbauende, positive Kraftstrahlen in meinen Körper. Mein Atem wird immer ruhiger und in mir wird es nun ganz still.

Jetzt habe ich alle äußeren Dinge losgelassen, ich fühle mich frei. Nun kann ich meine gesammelte Aufmerksamkeit in mein Bewußtseinszentrum des Willens und der Kraft lenken. Hier will ich mich erforschen, um meine Grundeinstellung zu erkennen.

Trifft das Wort Eigensinn auf mich zu? Bin ich bei Entscheidungen unbeugsam und stelle ich immer wieder fest, daß nur ich Recht habe?

Ist Recht und Gerechtigkeit etwas, worum ich immer wieder streiten muß? Ich bin bereit mich zu verändern und meine negative Grundeinstellung loszulassen.

Ich möchte den Streit loslassen und harmonisch leben. Von nun an werde ich den Willen meines Partners achten. Ich weiß, daß auch in ihm der Geist Gottes ist, und daß er das Recht hat, eine andere, eigene Meinung zu haben.

Von nun an will ich ihm zuhören.

Ich lasse mein Ego los. Ich streite nicht mehr, ich will ab jetzt ruhig erklären. Ich kann nun alle vergiftenden Worte und Gedanken in mir loslassen.

Ich nehme mich nicht mehr so wichtig, ich übergebe meinen Willen dem Willen des Geistes in mir. Ich füge mich in die ordnenden Kräfte des Kosmos ein. Der geistige Kraftstrom in mir wandelt alles um. Nicht ich, sondern Du wirkst in mir und bewirkst die Harmonie, die das Leben und die Gesundheit meines Körpers ist. Ich sende nun meinen Organen des Bauchraumes liebevolle und aufbauende Gedanken und bitte sie, gut für mich zu arbeiten. Der in mir strömende geistige, heilende Kraftstrom des Lebens in seiner warmen, aufbauenden Farbe, orange, wandelt alles in mir zum Guten um. Er strömt in jedes meiner Organe, stärkt und kräftigt meine Wirbelsäule, belebt jede meiner Zellen und ich sehe nun, wie sie sich mit neuer Kraft aufladen, sich aufbauen und gesund werden.

Schwaches, Verbrauchtes, Krankes hat nun keinen Bestand mehr und wird zur Ausscheidung gebracht. Ich weiß nun, daß meine positiven Gedankenkräfte in mir das aufbauende Leben sind.

In mir wirkt die Kraft und der Wille des Höchsten. Er ist die Stärke meines Rückgrats und meines Lebens. Ich verbringe noch einige Zeit in dieser kraftvollen Ruhe.

Mit Räkeln, Dehnen und Gähnen beenden wir dann unsere Meditation in der Gewißheit, etwas Schädliches abgegeben zu haben, das wir nicht wieder zurückerhalten wollen.

Das Sonnenzentrum: Die Stufe des Wissens und der Weisheit

Dieses Zentrum liegt im Bereich der Magengrube, oberhalb des Nabels, vor dem oberen Wirbel der Lendenwirbelsäule. Ihm zugeordnet sind die Organe des Oberbauches: Leber, Galle, Magen und Bauchspeicheldrüse. Erkranken wir in diesem Bereich recht häufig, so sollten wir den Fragen dieser Meditation nicht ausweichen.

Wenige von uns haben eine klare Vorstellung davon, was mit der „Weisheit" in diesem Zentrum gemeint ist. Es lokalisiert Wissen und Weisheit einer universellen Gerechtigkeit, die sich nach den kosmischen Gesetzen richtet und nicht nach den Gesetzen des Menschen; eine Weisheit, die hinter die Dinge schaut, die Situationen und Menschen richtig einschätzt, ohne sie zu verurteilen.

Das Wissen um diese Weisheit läßt uns den Sinn unseres Lebens erkennen und bringt uns in Verbindung mit dem wahren Selbst in uns. Wir müssen die Gewißheit akzeptieren, daß es nichts gibt, das unverschuldet oder zufällig passiert, daß alles in einem geordneten Plan abläuft und jeder für sich seinen Weg täglich neu ordnen muß. Wie oft müssen wir zusehen, wie sich unsere Kinder ständig in neue Konflikte stürzen und ihnen daraus immer wieder negative Erfahrungen zuteil werden. Wie gerne möchten wir für sie handeln, denn wir glauben ja, es besser machen zu können. Wenn wir diese Dinge so annehmen können, so heißt das, daß wir uns voller Demut dem kosmischen Plan – der göttlichen Weisheit – unterordnen. Wir wissen sodann, daß alles Geschehene dem Betroffenen zu Recht passiert.

Wir können ihm zwar helfen, indem wir ihm Verständnis zeigen, aber wir dürfen nicht in die Vorgänge eingreifen wollen. Es ist das demütige Annehmen des ewigen Ratschlusses Gottes. Die übertriebene Grundeinstellung in diesem Zentrum der Weisheit ist das zu intellektuell bezogene Denken. Damit ist das menschliche, nach außen orientierte Denken gemeint, das ein anerzogenes, mit vielen Vorurteilen besetztes, weltbezogenes Denken ist.

In dieses Zentrum gehört neben dem Wissen um die göttliche Weisheit und ihre tatsächliche Verwirklichung auch das Dienen. Gemeint ist hiermit das selbstlose Dienen, das wir selbst bei fehlender Resonanz der Betroffenen freudig tun, nicht die Selbstbestätigung wie „Seht her, ich helfe allen Menschen, die in Not sind". Damit stellen wir uns über jene, denen wir angeblich helfen wollen. Und die armen Betroffenen werden unfreiwillig noch ein Opfer unserer menschlichen Energiebedürfnisse. Machen wir uns folgendes bewußt: Diese falschen, im dritten Bewußtseinszentrum des Unterbewußtseins eingeprägten Verhaltensweisen stören unser Wohlbefinden und machen uns krank.

Sie fördern den Mangel an Vertrauen und engen uns gerade in diesem Zentrum ein. Die Folge ist „Angst" in den vielfältigsten Formen.

Wie ist nun unser Verhalten in diesem Zentrum?

Prüfen wir einmal ernsthaft, wie es in uns aussieht.

Möchten wir unser angehäuftes Wissen unbedingt, oft auch ungefragt, weitergeben?

Verwenden wir Angelesenes so kopfbezogen, daß es zur Besserwisserei, zur Überheblichkeit und zum Urteilen und Aburteilen anderer führt?

Auch Intrigen sind uns nicht fremd, Intrigen, in die sich andere verstricken und bei denen wir einen gegen den anderen ausspielen.

Wie steht es mit unserem Neid auf andere, die sichtlich mehr und größeren Erfolg haben als wir, obwohl dies unserer Meinung nach nicht gerechtfertigt ist? Haben wir das Bedürfnis, uns ständig aufzuwerten, weil wir uns nicht gut genug fühlen?

Wir wollen uns auch in unseren Absichten erkennen, anderen Hilfe zu leisten.

Würden wir dies auch tun, wenn uns krasse Ablehnung entgegengebracht würde?

Prüfen wir auch einmal unsere gelassene Haltung.

Das verwirklichte Tun von Wissen und Weisheit ist die rechte und positive Einstellung zu jeder Arbeit, die wir erledigen. Dann laufen uns auch keine Läuse über die Leber, dann reagiert der Magen nicht sauer, dann gärt es nicht in unserem Dünndarm und unsere Galle läuft nicht über. Ähnliches können wir auch von unserer Bauchspeicheldrüse sagen, die unsere innere Haltung ausdrückt, nämlich das zu geben, was wir selbst für uns erwarten. Damit können starke Blähungen vermieden werden. Es ist nicht leicht und für manchen auch gar nicht einzusehen, daß das, was wir als Ursache selbst setzen, als Wirkung in recht unangenehmer Form zu spüren ist. Können wir dies aber annehmen, hieße das für uns, die höhere Form einer Gerechtigkeit voll zu akzeptieren. Eine große Rolle in diesem Zentrum spielt unsere Wirbelsäule. Schlaffe Haltung oder übertriebene Steifheit sind unserem dritten Zentrum nicht zuträglich.

Ersteres entspricht dem krummen Rücken eines Bedienten (sich krümmen, Liebedienerei), und zweiteres einem übertriebenen Ego, das Minderwertigkeitsgefühle überspielen will. Schwere Erkrankungen der Wirbelsäule sind bei diesen seelischen Grundhaltungen nicht selten.

Das bedeutet dann, daß das Ich auf die eigentliche Größe reduziert wird. Uns fehlt in diesen Fällen das Bewußtsein für unser freies, wahres Selbst und das Annehmen seiner ewigen Weisheit.

Die Meditation für unser Bewußtseinszentrum des Wissens und der Weisheit

Wir setzen uns für diese Meditation wieder aufrecht hin und bereiten uns, wie bei der ersten Meditation, auf die innere Stille vor. Wir fühlen uns wohl und unsere Atmung wird zunehmend leichter und freier. Wir schalten uns in den geistigen Stromkreis ein.

Alle Gedanken, die jetzt noch Aufmerksamkeit von uns verlangen, können wir mit jeder Ausatmung loslassen.

„Alles Bedrückende, mich negativ Belastende, kann ich jetzt loslassen und ausatmen."

Liebevolle Gedanken und Gefühle behalte ich und sende sie jetzt als aufbauende positive Kraftstrahlen in meinen Körper. Mein Atem wird immer stiller und auch in mir wird es nun ganz still.

Jetzt habe ich alle äußeren Dinge losgelassen, ich fühle mich frei. Nun kann ich meine gesammelte Aufmerksamkeit in mein Bewußtseinszentrum der Weisheit lenken. Es liegt oberhalb des Nabels und im Rücken am Ende der Brustwirbelsäule. Hier bleibe ich jetzt mit meinen Empfindungen. Ich bin bereit, mich zu verändern und meine falschen Überzeugungen loszulassen. Von nun an möchte ich die Dinge im rechten Licht sehen, so wie sie sind.

Die Weisheit in mir läßt mich hinter die Dinge schauen und gibt mir zur rechten Zeit die richtigen Ratschläge. Auch Streit und Unfrieden meide ich. Von nun an werde ich aufhören zu richten und will anderen gegenüber gerecht sein, so wie ich zu mir gerecht bin. Auch meine Ehrlichkeit anderen gegenüber will ich überprüfen. Ich lasse mein Bedürfnis nach Aufwertung los. Ich habe alles Gute verdient.

Ich nehme mir vor, fest zu meinem Nächsten zu stehen, so wie ich auch zu mir, zu meinen Aussagen und zu meiner Arbeit stehe, unabhängig davon, ob der andere entsprechend oder gegen meine Meinung handelt.

Ab heute will ich die Dinge so annehmen können, wie sie von höherer Seite aus für mich und andere geplant sind. Ich überlasse mich voll Vertrauen der inneren Führung, die mich in rechter Weise leiten wird. Ich bin bereit das Leben in seiner ganzen Fülle anzunehmen.

Ich sende nun meinen Organen des Oberbauchraumes liebevolle und aufbauende Gedanken und bitte sie, gut für mich zu arbeiten. Ich lenke den alles für mich zum Guten umwandelnden, lichtvollen Kraftstrom, den ich jetzt in einer warmen, sonnenhellen Strömung sehe, in jede meiner Zellen und sehe, wie sie sich mit neuer Kraft aufladen, sich aufbauen und gesund werden. Alles Schwache, Verbrauchte, Kranke hat nun keinen Bestand mehr und wird zur Ausscheidung gebracht.

Meine positiven Gedankenkräfte sind in mir das aufbauende Leben. In mir ist nun Gewißheit. Die Weisheit des Höchsten wirkt und waltet in mir. In mir fließt sein kraftvoller Lebensstrom. In meiner Mitte bin ich gesund, lebendig und bereit, meine innere Führung anzuerkennen und ihr mein Denken, Fühlen und Handeln anzuvertrauen.

Ich verbringe noch einige Zeit in dieser kraftvollen Ruhe.

Mit Räkeln, Dehnen und einem herzhaften Gähnen beenden wir dann unsere Meditation.

Bedenken wir ab jetzt: Wir haben etwas abgegeben und sollten es nicht wieder zurückfordern.

Das Herzzentrum: Die Stufe der Wahrheit und des Ernstes

Die Stufe der Wahrheit und des Ernstes finden wir in der Mitte unseres Brustraumes, in der Höhe des Herzens. Das Energiezentrum liegt zwischen den Schulterblättern. Dazu gehören die Organe des Brustraumes. Ihre Energieversorgung hängt von einer guten Entwicklung in diesem Zentrum ab.

Das Zentrum umfaßt das Herz, die Lunge, die Bronchien, die Rippen, die Atemmuskeln, die Brustwirbelsäule, das Rückenmark und die Brüste der Frau. Hier befindet sich die erlösende Kraftquelle, die Christuskraft in uns. Ist sie einmal aktiviert, wird die Lebenskraft aus unserem Sammelbecken im ersten Zentrum verstärkt emporfließen.

Eine weitere Bedeutung kommt dem Wirken des Christusgeistes in diesem Zentrum zu. Alle von uns als negativ erkannten Eigenschaften, Wünsche und Vorstellungen, können wir ihm zur Umwandlung überlassen.

Ernst und Wahrheit sind zwei Worte, die unserer Vorstellung nach nicht immer mit Freude verbunden sind und uns sogar die Lebensfreude nehmen, wenn wir sie falsch verstehen. Gemeint ist hier unser nicht immer ernstzunehmendes, menschliches Wahrheitsdenken. Es ist die Wahrheit, die uns zu Kindern des Kosmos macht, zu bewußten Geschöpfen Gottes. Damit ist das ernsthafte Streben und die Suche nach der ewigen Wahrheit verbunden.

Die Voraussetzung ist das Abbauen unseres menschlichen „Ich". Das erfordert den Mut, sein Inneres zu öffnen, sich preiszugeben. Nur dann fallen die selbsterrichteten Mauern um unser Herz und es lösen sich die Schranken, die unseren Brustkorb einengen.

Inwieweit wir dazu fähig sind, hängt davon ab, ob wir an unserem Ich, an unseren Bedürfnissen und Leidenschaften und an unserem Besitz kleben. Wenn wir glauben, etwas Wertvolles zu verlieren, oder etwas Liebes loslassen zu müssen, dann wird die Entwicklung und die Gesundheit in diesem Zentrum noch lange auf sich warten lassen. Erkennen wir aber, daß wir durch unser liebevolles Öffnen zum anderen vielmehr dazugewinnen, daß wir uns erst in der Hingabe finden, dann tut sich für uns eine neue und glückliche Welt auf. Zur kleinen menschlichen Energie kommt die geistige Energie aus der unerschöpflichen Kraftquelle des Kosmos. Unser falsches Verhalten in diesem Zentrum stellt unseren Egoismus sowie den Mangel an Vertrauen in unsere Umgebung dar. Das veranlaßt uns, nichts herzugeben, nichts zu verschenken und sich niemandem hinzugeben. Wir wollen nehmen und noch dazubekommen. Die Grundeinstellung ist hier: „Ich komme zu kurz." Den Mitmenschen betrachten wir als möglichen Feind. Diese starre innere Haltung formt so auch unseren Brustkorb. Er wird starr, knöchern und unbeweglich.

Alle Organe in diesem Bereich – die Lungen, die Bronchien und unser Herz – werden in ihrer Funktion eingeschränkt. Wir passen uns an, bis zur gesellschaftlichen

Überangepaßtheit. Wir schränken unser Ich ein und entwickeln Ängste vor jeglichem Verlust. Dadurch kommt großes Selbstmitleid auf: „Ich kann doch nichts dafür!" Dabei gilt gerade unser Herz als das Symbol des Lebens, der Herzlichkeit, der Dynamik und Vitalität. Wenn wir das Wort „Liebe" falsch verstehen, wenn wir es mit „besitzen" verwechseln, dann wird bei einem Verlust jeder ich-bezogene Gedanke ein Stich ins Herz sein. Unsere vielen Herz- und Kreislaufkrankheiten sind somit vielleicht eine Ursache des großen Sicherheitsbedürfnisses.

Fragen wir uns nun ganz ernsthaft, wie es mit unseren Herzensangelegenheiten steht:

Wie sehen meine menschlichen Beziehungen aus? Erwarte ich mehr, als ich zu geben bereit bin? Verschließe ich mein Herz, um es vor möglichem Schaden zu bewahren?

Habe ich das Gefühl, nicht genügend Achtung entgegengebracht zu bekommen, oder zu kurz zu kommen (bei Beförderungen, finanziellem Reichtum, Gewinne etc.)?

Habe ich Angst, keine Liebe zu erfahren? Weiche ich Konflikten aus und ziehe mich vor Widerständen zurück?

Bin ich armen Menschen und Bettlern gegenüber ablehnend eingestellt?

Strebe ich nach Macht und Anerkennung; setze ich mich dabei regelmäßig über den freien Willen meiner Mitmenschen hinweg? Ist Beherrschung um jeden Preis für mich das oberste Gebot?

Wenn ich meinen Mitmenschen gar Sanftheit vortäusche, die ich mir mühsam erhalten muß – dann laufe ich Gefahr, schwere Erkrankungen im Bereich der Brustwirbelsäule und des Rückens zu bekommen.

Wie können wir nun mit diesen negativen Eigenschaften fertigwerden?

Hier bietet sich wieder unser innerer Weg an. Wir entwickeln unser Herzzentrum, indem wir lernen zu geben statt zu nehmen. Unser Handeln ohne Herz wird zum Handeln mit Herz.

Unsere Herzenskälte und unsere Teilnahmslosigkeit wird zu Herzenswärme und Mitgefühl. Das wäre die auf den Alltag übertragene Verwirklichung des kosmischen Geschöpfes, das wir in Wahrheit sind.

Dieser Verwirklichung weichen wir jedoch gerne aus, denn sie verlangt einiges von uns. Unsere große körperliche und geistige Bequemlichkeit läßt uns die Wichtigkeit der Bewältigung der Aufgaben, die uns auf dem inneren Weg gestellt werden, nicht erkennen.

Wir haben zwar das Wissen, daß diese innere Haltung falsch ist, wir verwirklichen dieses Wissen jedoch nicht in unserem Leben. Freude darüber, in Wahrheit ein geistiges Wesen zu sein, das mit Harmonie, Glück, Gesundheit und Liebe ausgestattet ist, entsteht aber nur dann, wenn wir ernsthaft den Weg der Wahrheit gehen.

Hier in diesem Zentrum wird uns jedoch wunderbare Hilfe zuteil. Der Christuskraftquelle dieses Zentrums können wir alle unsere negativen Eigenschaften, Bedürfnisse, Vorstellungen, Gedanken und Handlungen zur positiven Umwandlung übergeben. Dann hört der Konkurrenzkampf unseres menschlichen Ichs und des wahren Ichs um den Körper auf. Wenn wir es zulassen, daß das menschliche Ich, das „Ego“ und unser Körper mit seinem Bewußtsein zusammen eine „Koalition“ bilden, hat unser wahres „Ich bin“ verloren und unser Christuszentrum – unser Herzzentrum – wird nie das entwickeln, was für unseren weiteren Weg so wichtig ist: die Liebe und Reinheit des Herzens.

Die Meditation für unser Bewußtseinszentrum der ernsthaften Wahrheit

Wir setzen uns für die folgende Meditation aufrecht hin. Nun entspannen wir unsere Beine und legen unsere Hände nach oben geöffnet dicht an die Leisten.

Unser Becken, die Stütze des Rückens, ist nun aufgerichtet. Der Brustkorb weitet sich durch unsere leicht zurückgesunkenen Schultern und wir haben eine stolze, thronende Kopfhaltung. Wir schließen ganz sanft unsere Augen und denken an das freundliche Lächeln und den freundlichen Blick, mit dem wir uns außen und innen selbst beschenken. Ruhe und Gelassenheit machen sich in uns breit. Wir fühlen uns wohl und unsere Atmung wird zunehmend leichter und freier. Wir atmen uns frei und schalten uns in den geistigen Stromkreis ein. Alle Gedanken, die jetzt unsere Aufmerksamkeit fordern, können wir mit dem Ausatmen loslassen und uns davon befreien.

Alles Bedrückende, mich negativ Belastende kann ich jetzt loslassen und ausatmen. Liebevolle Gedanken und Gefühle behalte ich und sende sie jetzt als aufbauende, positive Kraftstrahlen in meinen Körper.

Mein Atem wird immer ruhiger und stiller und auch in mir wird es nun ganz still.

Jetzt habe ich alle äußeren Dinge losgelassen, ich fühle mich frei.

Nun kann ich meine gesammelte Aufmerksamkeit in das Bewußtseins- und Energiezentrum der Wahrheit lenken. Ich empfinde mich in meinem Herzzentrum, in dem die alles für mich zum Guten umwandelnde Quelle der Christuskraft sprudelt. Ich erkenne mich nun in diesem Zentrum. Ich bin bereit, mich zu verändern und loszulassen. Meine Neigung zur Hartherzigkeit, die mein Herz versteinert, und meine Ich-Bezogenheit übergebe ich der Kraftquelle, dem Christus in meinem Herzen. Meinen Mangel an Liebesfähigkeit, meine Eifersucht, mein Besitzen- und Behaltenwollen übergebe ich der „Quelle". Ich lege meine Angst ab und übergebe auch meine nur vorgetäuschte Beherrschung der „Quelle".

Ich trenne mich vom Sein- und Haben-Wollen, vom materiellen Sicherheitsstreben, von der Hektik und Unruhe, die dieses Streben mit sich bringt und gebe es einfach ab.

Ich will allen vergeben und bitte selbst um Vergebung.

Ich weiß, in mir ist die Kraft des inneren Arztes und Heilers „Christus des Erlösers". Er hilft mir meinen Weg zu gehen; er ist nun mein ständiger Begleiter. Er sorgt für meinen nötigen Ernst auf der Suche nach der Wahrheit und Liebe. Ich bin ein freies, geistiges Wesen und die Kraft des Höchsten ist auch meine Kraft. Mein Herz öffnet sich; ich empfange Liebe, ich fühle Liebe, ich gebe Liebe, ich bin ein Kind der Schöpfung. Ich fühle mein Leben aus seinem Leben. Freude über diese Wahrheit durchpulst mich und erfüllt meine Seele. Ich sende nun meinen Organen des Brustraumes liebevolle, aufbauende Gedankenkräfte und bitte sie, gut für mich zu arbeiten. Der in mir fließende, geistig heilende Kraftstrom des Lebens, der in diesem Zentrum grüngolden erstrahlt, wandelt alles in mir zum Guten. Er strömt in jedes meiner Organe, in jede meiner Zellen und ich sehe, wie sie sich jetzt mit neuer Kraft aufladen, sich aufbauen und nun gesund werden.

Schwaches, Verbrauchtes, Krankes hat nun keinen Bestand mehr und wird zur Ausscheidung gebracht. Meine positiven Gedankenkräfte sind in mir das aufbauende Leben. Für diese Erkenntnis danke ich. Ich fühle mich gesund, wohl und voll innerer Freude. Wir bleiben noch eine Weile in dieser inneren, heilenden Ruhe und Gelassenheit.

Mit Strecken, Räkeln und einem herzhaften Gähnen beenden wir dann unsere Meditation.

Das Halszentrum: Die Stufe der Geduld und Güte

Die Stufe der Geduld und Güte finden wir im Bereich der Kehle vor der Wirbelsäule. Zugeordnet sind der Halsraum, die Luftröhre, die Speiseröhre, der Kehlkopf, die Stimmbänder, der Rachen, die Mandeln, die Mundhöhle, die Speicheldrüsen, die Zähne, die Schilddrüse, die Nebenschilddrüsen und die Thymusdrüse. Nur wenigen von uns gelingt es, dieses Bewußtseinszentrum zu entwickeln. Aber wir erkennen diejenigen, die es geschafft haben, sofort. Ihr Ausdruck, ihre Sprache sind von dem Reinheitsgrad ihrer Seele geprägt; ihr zuversichtlicher Umgang mit der Zeit ist ohne Beispiel. Ihre Sprache ist nicht hohl oder angehäuft mit intellektuellem Wissen, sondern sie ist mit Weisheit erfüllt.

Sie ist klar und offen, sie ist eine schöpferische Sprache, die andere in den Bann schlägt. Diese Sprache muß, wenn sie uns weitertragen soll, von der Liebe zum Nächsten gelenkt werden, denn die Energien, die uns in diesem Zentrum zufließen, müssen von Verantwortungsbewußtsein getragen werden. Daher kennt der wahrhaft Wissende auch die Demut, die Geduld und die Güte. Er wird versuchen, den anderen zu verstehen, sich in ihn einzufühlen, geduldig zuzuhören und mit Güte zu verzeihen; denn er weiß um den inneren wahren Kern jedes Menschen, der sich in jedem für uns noch so abstoßenden Äußeren befindet.

Unsere Geduld sollte der unseres Schöpfers nahe kommen. Seiner außerordentlichen Geduld und Güte haben wir es zu verdanken, daß sich die Natur trotz unseres Eingreifens immer noch regenerieren kann. Eine Überbeanspruchung allerdings läßt die Natur, unseren Lebensraum, sterben, und damit geraten auch wir in Gefahr.

Leid und Trauer über Verlorenes ist folglich das, was wir

tragen müssen. Wenn wir die Warnungen, die fast immer mit Leid verbunden sind, nicht verstehen oder sie nicht ernst nehmen, dann müssen wir die Folgen unserer selbstgesetzten Ursachen tragen.

Sogenannte Schicksalsschläge, Krankheiten in diesem Bereich oder Unfälle lehren uns „lernen oder leiden". Wenn wir in der heutigen Zeit etwas erreichen wollen, zum Beispiel eine gutbezahlte, erfolgreiche Stellung, die uns viel materiellen Reichtum einbringt, so ist das fast nur mit Verstößen gegen die Geduld und Güte zu erreichen. Das Wort „Zeit ist Geld" regiert uns dann. Die Grundhaltung des Ungeduldigen zur Umwelt ist Rivalität, ist starkes Konkurrenzdenken – der andere könnte ja ein möglicher Feind sein. Zwischen dem Halszentrum und unserem Kreuzbeinzentrum – der Stufe des Willens – besteht eine enge Verbindung. Wir erinnern uns an den Eigenwillen im zweiten Zentrum, der den Willen des inneren Führers überhört.

Mit dem Eigenwillen ist die Ungeduld gekoppelt. Meist versuchen wir voll Ungeduld – in welcher Situation wir uns auch immer befinden –, unseren Willen hartnäckig durchzusetzen. Selbst wenn wir die besten Absichten haben, stecken doch Ehrgeiz, Geltungssucht und Überheblichkeit dahinter. Wir wollen nun wieder ganz ehrlich zu den nachfolgenden Fragen Stellung beziehen, um unsere Grundeinstellung zu erkennen:

Wie sieht es in meiner Beziehung zu anderen aus? Übe ich Geduld und höre ihnen zu, oder will ich möglichst schnell meine Ansichten durchsetzen? Bin ich als Gesprächspartner unangenehm, weil ich manchmal laut und aggressiv reagiere? Stelle ich mich über andere, nur weil ich meine, sie könnten eine Sache nicht überblicken?

Fühle ich mich getroffen und bin ich wütend, wenn meine Kinder nicht die Leistungen bringen, die ich mir erhofft habe?

Betrachte ich meine Kollegen oder Nachbarn mit feindseligen Blicken? Was möchte ich denn vor ihnen verbergen? Blicke ich voll Hochmut oder Überheblichkeit auf andere, vielleicht weil meine Ausbildung besser war und ich mehr verdiene?

Habe ich nicht den Mut, zu sagen was ich fühle? Komme ich mir ausgenutzt und belastet vor?

Schneiden wir bei diesen Gewissensfragen schlecht ab, wird es höchste Zeit für uns umzudenken. Wie kann mir, der ich keine Geduld für andere aufbringe, die Gnade zuteil werden, den Sinn meines Lebens zu begreifen und mein wahres Selbst zu schauen? Die Ungeduld wird mir nicht die Zeit gönnen, die ich für meinen inneren Weg aufbringen muß. Die mit der Ungeduld verbundene Unruhe verhindert das Hören und Sehen nach innen. Ich werde ständig nach neuem Ausschau halten, das mich schneller vorwärtsträgt. Vergessen wir, was bisher war und hören wir damit auf, Steine auf unseren inneren Weg zu rollen.

Üben wir uns in Geduld und Bescheidenheit, deren höchste Form die Demut ist. Haben wir aber auch den Mut zu sagen wie wir uns fühlen. Akzeptieren wir unseren Jetzt-Zustand. Auch das Negative müssen wir annehmen, ist es doch aus uns selbst heraus bewirkt. Üben wir Geduld mit uns, so haben wir sie auch für unseren Nächsten. Wir sollten lernen, uns selbst und unseren Nächsten in allem anzunehmen, auch im Negativen.

Aufnehmen wollen wir nur sein Positives, sein wahres Selbst. Wenn wir täglich Stein auf Stein für das Fundament unseres neuen Selbstbewußtseins häufen und uns in Geduld üben, statt nach schnellem Gewinn Ausschau zu halten, dann ist das die Verwirklichung dessen, was ich als gut erkannt habe.

Hüten wir uns aber vor der Vortäuschung nicht vorhandener Geduld. Unser Körper reagiert mit Funktionsstörungen der in diesem Zentrum vorhandenen Drüsen wie der Thymus-, Schild- und Nebenschilddrüsen. Das Unvermögen, sich selbst und den anderen so anzunehmen, fördert die auf uns selbst gerichtete Aggression. Sie zerstört unseren Körper und kann sich sogar in Allergien oder Flechten ausdrücken.

Häufige Verspannungen der Halswirbelsäule, im Bereich des Nackens und des Schultergürtels oder Erkrankungen des Ellenbogens betrachten wir nun von einem anderen Standpunkt. Verantwortlich dafür ist die sprichwörtliche „Hartnäckigkeit", mit der wir anderen imponieren wollen.

Vielleicht glauben wir auch, alle Last der Welt läge nur auf unseren Schultern. Möchten wir in Gedanken schlagen, jemandem wehtun, ihn prügeln, so können unsere Hände und Finger krank werden, beispielsweise einen Ausschlag bekommen.

Auch wenn wir unser inneres geistiges Wissen ständig unterdrücken, führt das zu Störungen in diesem Zentrum. Mit zunehmendem geduldigen Üben verschwindet auch die Angst vor den anderen und wir gewinnen die innere Sicherheit, die durch die äußere niemals ersetzt werden kann. Wir sehen, wie unser inneres Verhalten nach außen sichtbar wird. Deshalb: Korrigieren wir unsere Haltung, sie kann aufrecht, locker und frei sein. Unsere Arme und Hände sind in liebevollem Einsatz tätig. Denken und sprechen wir wahrhaft und mit Geduld und Güte. Dann fließt es in uns über und strömt durch unsere Worte nach außen: „Ich bin, das ist das geistige Wesen in mir. Das Geschöpf in der Harmonie mit dem Höchsten."

Die Meditation für unser Bewußtseinszentrum der Geduld und Güte

Wir setzen uns für die folgende Meditation aufrecht hin.

Wir nehmen für die folgende Meditation eine aufrechte Sitzhaltung ein. Nun entspannen wir unsere Beine und legen die Hände nach oben geöffnet auf die Oberschenkel dicht an die Leisten. Unser Becken, die Stütze des Rükkens, ist aufgerichtet, die Bauchwand zurückgezogen. Der Brustkorb ist weit und wir können frei atmen. Unsere leicht zurückgesunkenen Schultern sind entspannt. Wir haben eine stolze, thronende Kopfhaltung. Wir schließen ganz sanft die Augen und denken an das freundliche Lächeln, den liebevollen Blick, mit dem wir uns innen und außen selbst beschenken.

Wir fühlen uns wohl und unsere Atmung wird zunehmend leichter und freier. Alle Gedanken, die jetzt noch von uns Aufmerksamkeit verlangen, können wir mit dem Ausatmen loslassen und uns von ihnen befreien.

Alles Bedrückende, mich negativ Belastende kann ich jetzt loslassen und ausatmen.

Liebevolle Gedanken und Gefühle behalte ich und sende sie jetzt als aufbauende, positive Kraftstrahlen in meinen Körper.

Mein Atem wird immer ruhiger und stiller, und auch in mir wird es nun ganz still.

Jetzt habe ich alle äußeren Dinge losgelassen, ich fühle mich frei.

Nun lenke ich meine gesammelte Aufmerksamkeit in mein Energie- und in mein Bewußtseinszentrum der Geduld und Güte. Ich empfinde mich in meinem Halszentrum. Ruhe und Gelassenheit durchströmen mich, machen mich ausgeglichen und erfüllen mich mit Harmonie. Ich erkenne mich nun in diesem Zentrum. Ich bin bereit, mich zu verändern und überlasse dem umwandelnden geistigen

Kraftstrom meine Ungeduld und Aggressivität, mein ständiges Meckern und Nörgeln, mein kleinliches Sorgen, die Unruhe und Hektik. Alles lege ich voll Vertrauen in diesen mich heilenden, umwandelnden Kraftstrom.

Ich weiß, daß mein wahres Selbst voller Geduld und Güte ist. Von nun an will auch mein Körper-Ich Geduld üben. Meinem Nächsten gegenüber will ich geduldig sein.

Ich will ihm zuhören und auf ihn hören, beispielsweise bei wichtigen Entscheidungen. Ich will ihn in seiner Ganzheit mit Liebe annehmen und ihn mit Liebe umarmen. Er ist wie ich ein geistiges Geschöpf mit innerer Größe. Ich bin nun bereit, meinen Hochmut und meine Überheblichkeit abzugeben.

Ebenso gebe ich meine Hartnäckigkeit und mein Mißtrauen ab. Von nun an habe ich den Mut, zu sagen was immer ich fühle. Ich bin ein Geschöpf Gottes und bereit, das Leben in seiner Fülle anzunehmen. Mein Verhalten ist von Güte und Geduld geprägt; denn mein wahres Wesen ist Geduld, handelt selbstlos gütig und voll Demut. In mir wirkt die Kraft des Höchsten, sie trägt mich empor zu seinen Höhen. Ich bin frei und losgelöst von allem äußeren Streben. Stille ist in mir und Ruhe und Frieden durchströmen mich.

Ich sende nun meinen Organen des Halszentrums liebevolle, aufbauende Gedanken und bitte sie, gut für mich zu arbeiten.

Den geistigen, alles für mich zum Guten umwandelnden Kraftstrom, der in diesem Zentrum in der lichtblauen Farbe des Himmels leuchtet, lenke ich nun in jede meiner Zellen und sehe, wie sie sich jetzt mit neuer Kraft aufladen, sich aufbauen und nun gesund werden. Schwaches, Verbrauchtes, Krankes hat nun keinen Bestand mehr und wird zur Ausscheidung gebracht.

Ich weiß, daß die positiven Gedankenkräfte in mir das aufbauende Leben sind.

Ich sage Dank für dieses wundervolle Erleben in mir.

Wir bleiben noch eine Weile in dieser heilenden Ruhe und im inneren Erleben.

Mit Strecken, Räkeln und einem herzhaften Gähnen beenden wir dann unsere Meditation.

Das Stirnzentrum: Die Stufe der Liebe

Die Stufe der Liebe finden wir in der Stirnmitte. Zu ihr gehören außer den Sinnesorganen – Augen, Ohren und Nase – auch die beiden Anhangdrüsen des Gehirns – die Hirnanhangdrüse und die Zirbeldrüse. Sie sind die zentralen Leit- und Regeldrüsen unseres Organismus. Sämtliche kosmischen Einflüsse werden hier registriert und die kosmischen Rhythmen werden auf den körperlichen Rhythmus übertragen.

Wenn alle Organe von diesen Drüsen in einem harmonischen Wechselspiel und Miteinander gehalten werden, wird unsere Intuition funktionieren und unserem Körper kann mitgeteilt werden, was die Seele möchte.

Alles, was zu einem Leben in Liebe und Frieden gehört, ist in uns selbst vorhanden. Unser wahres Wesen, das geistige strahlende Selbst, ist unwandelbar in jedem von uns vorhanden.

Unser innerer Weg, den wir mit wahrhafter Geduld bis hierher bereits gegangen sind, führt uns zum Erkennen dieses geistigen Wesens in uns. In der Stufe der Liebe, die sich in unserem Stirnzentrum befindet, verschmelzen wir zu einem Ganzen. Zur absoluten Harmonie unseres männlichen und weiblichen Prinzips. Hier weicht das intellektuelle Denken zugunsten der Intuition. Kreatives und wirklich Neues, das von allgemeingültigem Wert ist, kommt von hier. Gelingt es einem Menschen, sich in diesem Zentrum der Liebe zu verwirklichen, haben wir es mit einem Weisen zu tun, einem Menschen, dem Einsichten in die geistige Welt gewährt sind.

Ein solcher Mensch ist von wachem, freiem Ausdruck, er besitzt Ernsthaftigkeit und Großzügigkeit, zeigt Verständnis für alle und strahlt selbstlose Liebe aus.

Liebe ist ein schwer zu definierendes Wort. Jeder versteht etwas anderes darunter, nirgends gibt es so viele Mißverständnisse wie im Bereich der Liebe. Für mich bedeutet die Liebe in dieser Stufe, sich mit Herz und Seele gütig zu erweisen. Unsere Herzensgüte sollte zuerst für uns selbst und dann für unsere Nächsten fließen und sich entfalten. Es ist eine einfache Wahrheit:

Wer sich nicht selbst liebt, kann auch andere nicht lieben, kann keine Liebe geben oder empfangen. Unsere Grundeinstellung ist hier leider: „Ich bin der Liebe nicht würdig."

Wahrhaftige Liebe ist selbstlos, bindet nichts, besitzt nichts, hält nichts fest. Wer wahrhaft liebt, berücksichtigt den freien Willen und die Freiheit der Mitmenschen; er ist zutiefst voller Güte. Er weiß um den Gang der Dinge und um ihre Entwicklung, denn er lebt auf einer hohen Bewußtseinsstufe und kennt die formenden Kräfte des Lebens.

Solange wir an Dingen und Menschen festhalten, sie binden wollen, andere ändern wollen, solange wir andere beurteilen, kritisieren, sie beherrschen wollen, so lange wird die Selbstlosigkeit für uns unmöglich. Eine solch selbstbezogene und persönliche Liebe finden wir zum Beispiel bei der von uns so hoch bewerteten Mutterliebe, die in vielen Fällen eine selbstsüchtige Liebe ist.

In der oft übertriebenen Verantwortung und Fürsorge für ihre Kinder will die Mutter sich selbst bestätigen. Es fehlt ihr die Fähigkeit, die Kinder aus ihrer Bindung in die Selbständigkeit zu entlassen. Sie kann die Kinder nicht loslassen und ihre Freiheit nicht annehmen. Diese Form der selbstsüchtigen Liebe treffen wir auch bei Menschen, die rein materiell eingestellt sind. Sie sind nur auf ihren Genuß (den sexuellen eingeschlossen) aus und kümmern sich fast gar nicht um die Belange oder die Wünsche des anderen.

Ihre Haltung auf dieser Stufe ist folglich: Geben ist zwar seliger als Nehmen, aber Nehmen ist weitaus angenehmer!

Zur Liebe gehört, daß wir bereit oder fähig werden, die wahren Bedürfnisse des Nächsten mit wachen, aufmerksamen Augen zu sehen und ihn mit den Augen der Liebe zu betrachten.

Zur Liebe gehört auch das *Zu*hören, das *An*hören, nicht aber das *Ver*hören oder *Über*hören der Aussagen unseres Nächsten. Erkenntnis vermittelt uns auch unser Geruchsorgan. An seiner Reaktion können wir feststellen, wie unser Ich reagiert. Können wir jemanden nicht „riechen", seinen Körpergeruch nicht annehmen, so ist das ein sicheres Zeichen dafür, daß wir selbstsüchtig lieben und nicht selbstlos. Nur der Abbau unseres Egos führt zur Befreiung und Reinheit unserer Seele und zur selbstlosen Liebe. Wir sollten uns liebend helfen und offen zueinander sein.

Das hilft uns, den anderen voll anzunehmen und ihn wahrhaft zu lieben.

Die höchste Form der Liebe ist dann gegeben, wenn wir unsere Feinde lieben können wie uns selbst. In jedem unserer Gegner müssen wir das wahre Selbst, das geistige Wesen sehen. Wir können ihn annehmen, seinen positiven Kern in uns aufnehmen, obwohl wir ihn nicht mögen. Zu dieser Stufe der Liebe beantworten wir uns nun wieder einige Fragen:

1. *Was denke ich, wenn ich das Wort „Liebe" höre oder geschrieben sehe?*
2. *Was ist die Liebe für mich?*
3. *Welche Gefühle tauchen in mir auf?*

4. *Fühle ich mich wert, geliebt zu sein, oder habe ich Liebe nicht verdient?*
5. *Habe ich Liebe und Verständnis für mich selbst?*
6. *Schaue ich meinen Partner mit den Augen der Liebe an?*
7. *Habe ich Liebe und Verständnis für ihn?*
8. *Gehe ich freundlich mit ihm um und sehe ich in ihm das Positive?*
9. *Kann ich ihm zuhören und dränge ich ihm nicht meine Entscheidung auf?*
10. *Ist Geben für mich immer mit der Absicht verbunden, etwas dafür zu erhalten?*
11. *Was ist zärtliche Liebe für mich, und wie drücke ich sie aus?*
12. *Wie stehe ich zu meinen Kindern?*
13. *Kann ich sie in ihre Freiheit loslassen?*
14. *Wie sieht es mit meiner Nächstenliebe aus?*
15. *Kann ich in meinem Nächsten ebensoein Wesen sehen, wie ich eines bin?*

Nächstenliebe ist der Schlüssel, um unsere Liebesfähigkeit zu erkennen.

Wenn wir gelernt haben, in uns selbst das Negative an- und das Positive aufzunehmen, dann können wir es auch bei anderen.

Etwas sollten wir noch klarstellen: Die Liebe zu uns selbst ist nur dann richtig, wenn sie sich auf unsere Seele, auf unser wahres Selbst bezieht und nicht auf unser Ego.

Die Erkenntnisse auf der Stufe der Liebe, verbunden mit dem Wissen um diese Zusammenhänge, geben uns Halt und führen uns in eine tiefe innere Geborgenheit, in eine der Seele entstammende Seligkeit.

Wir setzen uns für die folgende Meditation aufrecht hin.

Nun entspannen wir unsere Beine und legen die Hände nach oben geöffnet auf die Oberschenkel dicht an die Leisten.

Unser Becken, die Stütze des Rückens, ist aufgerichtet, die Bauchwand zurückgezogen. Der Brustkorb ist weit und wir können frei atmen. Unsere leicht zurückgesunkenen Schultern sind entspannt. Wir haben eine stolze, thronende Kopfhaltung.

Wir schließen ganz sanft die Augen und denken an das freundliche Lächeln, den liebevollen Blick, mit dem wir uns innen und außen selbst beschenken. Wir fühlen uns wohl und unsere Atmung wird zunehmend leichter und freier. Alle Gedanken, die jetzt noch von uns Aufmerksamkeit verlangen, können wir mit dem Ausatmen loslassen und uns davon befreien.

Alles Bedrückende, mich negativ Belastende, kann ich jetzt loslassen und ausatmen. Liebevolle Gedanken und Gefühle behalte ich und sende sie jetzt als aufbauende, positive Kraftstrahlen in meinen Körper. Mein Atem wird immer ruhiger und stiller, und auch in mir wird es nun ganz still. Jetzt habe ich alle äußeren Dinge losgelassen, ich fühle mich frei.

Nun lenke ich meine gesammelte Aufmerksamkeit in mein Energie- und Bewußtseinszentrum der Liebe. Ich schalte mich in den geistigen Stromkreis ein.

Die Liebe ist die Quelle von allem, was ist. Ich sehe das Wirken der Liebe in allen Formen des Seins, in den Pflanzen, in den Steinen, in der Erde, in den Tieren und in mir. In allem wirkt die Liebe, das Leben aus Gott, weil Gott die Liebe ist. Die sich verströmende Liebe ist selbstlos. Sie lindert, heilt, verbindet die Menschen in Liebe. Es ist die Kraft der Liebe, die die Gegner beruhigt, sie uns sogar zu

Freunden machen kann. Meinem in mir strömenden Kraftstrom der Liebe überlasse ich nun alle meine Gedanken des Ichs. Ich bin bereit, mich zu verändern und alles loszulassen – meine Unordnung, meine Schwäche, meinen Eigensinn, mein materielles, nur vom Verstand gelenktes Denken, meine mangelnde Güte und meine Ungeduld. Von nun an will ich mich so lieben wie ich bin, denn nur wenn ich mich liebe, kann ich Liebe geben und wieder empfangen. Ich lasse die Liebe aus mir strömen und sende meinen Nächsten positive Gedanken und Gefühle.

Meine Liebe soll den anderen tragen, ihn halten, so wie ich mich vom Schöpfer gehalten weiß. Die Liebe ist die Trägerin des Lebens. Sie ist das Licht und die Kraft des Höchsten. Ich bin ein Geschöpf des Höchsten und die Liebe strömt als Kraft in mir. Sie schützt, befreit und trägt mich. Sie schenkt meinem Leben Harmonie und Liebe, tiefe Geborgenheit und Seligkeit. Ich sende nun meinen Organen des Stirnzentrums liebevolle, aufbauende Gedanken und bitte sie, gut für mich zu arbeiten. Der alles für mich zum Guten umwandelnde Kraftstrom der Liebe und des Lebens strömt nun in jede meiner Zellen und lädt sie auf. Schwaches, Krankes und Verbrauchtes wird nun ausgeschieden. Mit neuer Lebensenergie sehe ich den Lichtstrom an, in unendlich tiefem Blau und strahlendem Weiß strahlt er in mein Stirnzentrum.

Ich fühle mich mit dem Strom der Liebe und des Lebens verbunden. Er durchströmt mich vom Kopf bis zu meinen Füßen, stärkt und belebt mich mit der Kraft der Liebe.

Ich erkenne: Liebe ist etwas unendlich Schönes, sie ist weit, hell und klar. Sie ist Harmonie und stillt meine Sehnsucht nach innerer Erfüllung. Unendliche Ruhe und Stille erfüllen mich. Tiefer Frieden umfängt mich. Ich habe mich von Zeit und Raum gelöst. In mir atmet das Ewige. Dank sei Gott.

Wir bleiben noch für eine Weile in diesem wunderbaren Erleben.

Zur Beendigung dieser Meditation räkeln und dehnen wir uns gründlich, gähnen herzhaft und stehen auf. Wir haben nun die Gewißheit, unser Leben für die Liebe bereit gemacht zu haben.

Das Scheitelzentrum: Die Stufe der Gnade und Barmherzigkeit

Das Scheitelzentrum liegt, wie es der Name schon sagt, unterhalb des Scheitelpunktes im Gehirn. Der organische Wirkungsbereich umfaßt das Groß- und das Kleinhirn.

Unser Gehirn reagiert auf alle Informationen durch Steuerung unserer Körperfunktionen. Wir merken oft recht deutlich in Form von Schmerzsignalen, daß wir nicht richtig gehandelt haben. Kopfschmerzen sind das häufigste Warnsignal. Fragen wir unser Herz, wie es mit unseren Wünschen und Bedürfnissen steht und hören wir auf, alles mit dem Verstand ergründen zu wollen. Intellektuelles Denken führt uns in die Irre, die Wahrheit liegt in unserem Herzen und ist einfach, hell und klar.

„Durch Barmherzigkeit und Gnade zur Vollendung und Unendlichkeit"

Dies sind wunderbare Worte, die uns ahnen lassen, daß in diesem Zentrum das Bewußtsein der vollkommenen Freiheit erreicht wird. Ein Mensch, der diese Bewußtseinsstufe in sich verwirklicht, wird keine menschlichen Fehlhaltungen mehr aufweisen. Er ist das reine Sein. Eins mit dem Ewigen. Er versteht sich in allen Dingen und genügt sich selbst. Die Zeit ist für ihn nicht mehr wichtig und Materie wird ihm zur Illusion. Er befindet sich in der Einheit mit der übergeordneten kosmischen Welt. In der Stufe der Barmherzigkeit finden wir den Gleichklang aller positiven Kräfte und die kosmische Allharmonie. Barmherzigkeit, in diesem Zentrum richtig verstanden, umfaßt das Verstehen aller Nöte, aller Sorgen unserer Nächsten. Zugehörig ist die Toleranz, die Güte, die Sanftmut und das selbstlose Dienen.

Wie in allen anderen Zentren, so neigen wir auch in diesem Zentrum zu Über- oder Untertreibungen, wobei uns bei der Untertreibung sofort die seelische Grausamkeit als Unbarmherzigkeit einfällt.

Hierher gehört auch der Zynismus und das Überbetonen der intellektuellen Fähigkeiten sowie jegliche Form des Fanatismus.

Aber auch Barmherzigkeit kann übertrieben werden. Das ist dann der Fall, wenn wir nicht offen sind, „ja“ zu sagen, um des lieben Friedens willen den Märtyrer spielen und uns selbst und andere schonen, damit sie uns genauso schonen. Dieses „In-Watte-Packen“ anderer bringt uns selbst nicht weiter. Kritik von uns, die andere selbstlos aufbaut und andere nicht selbstbezogen abwertet, wäre hier der richtige Mittelweg. Meist sind es unsere hohen Ansprüche an uns und an die anderen, die uns intolerant machen. Die Grundeinstellung ist hier die Nichtakzeptanz der eigenen Bedürfnisse und der des Nächsten. Kritik und Groll fressen uns auf.

Intoleranz können wir als Zeichen für irgendwelche Verdrängungen sehen, die wir nicht überwinden können. Verständnis bringt nur der auf, der sich verwirklicht und überwunden hat. Jede Verdrängung hat ihren Preis: Die gestauten negativen Energien zeigen sich in Form von Schmerzen. Mit ihnen entlastet sich unser Körper. Er will sich von den angestauten negativen Energien befreien, die durch unbarmherziges Unterdrücken unserer inneren Wünsche und Bedürfnisse entstanden sind. Nicht mit dem

Kopf, sondern mit unserem Herzen müssen wir uns fragen, was hinter unserem Schmerz steckt. Wenn wir Barmherzigkeit richtig verstehen, geben wir unserem Nächsten das, was seine Seele braucht und nicht, was sein Körper verlangt. Um das zu erkennen, müssen wir bei uns selbst anfangen.

Fragen wir uns deshalb, wie es mit unserer Barmherzigkeit aussieht:

Welche Gefühle lösen die Worte Gnade und Barmherzigkeit aus?

Kann ich – ohne meine Ansprüche geltend zu machen – anderen gegenüber kritisch sein?

Werte ich andere ab, mich jedoch auf?

Neige ich zum Zynismus und weide ich mich an der Reaktion der anderen?

Verständnisvolles Reagieren, trifft das auf mich zu?

Bin ich ein Ja-Sager, um den anderen zu schonen?

Kann ich etwas verzeihen und vergeben, auch wenn ich darunter leide und es mir wehtut? Freue ich mich darüber, daß so viele zu mir kommen und mich um Hilfe bitten?

Bin ich der Meinung, sehr mitfühlend und barmherzig zu sein?

Kenne ich meine Bedürfnisse, oder verdränge ich sie mit Groll und Verdruß?

Wenn wir fähig werden, uns aus unserem Zweckdenken zu lösen und uns aus den Zwängen geprägten Verhaltens zu befreien, dann öffnet sich für uns das letzte Tor zur inneren Glückseligkeit. Weisheit, ja sogar Erleuchtung wird möglich. Wir beginnen die Gesamtheit, die Einheit der Schöpfung, die „All-Ein-heit“ zu erfassen.

Wir verstehen dann, was es heißt, ein Mikrokosmos im Makrokosmos zu sein.

Die Meditation für unser Bewußtseinszentrum der Gnade und Barmherzigkeit

Wir setzen uns für die folgende Meditation aufrecht hin.

Nun entspannen wir unsere Beine und legen die Hände nach oben geöffnet auf die Oberschenkel dicht an die Leisten.

Unser Becken, die Stütze des Rückens, ist aufgerichtet, die Bauchwand zurückgezogen. Der Brustkorb ist weit und wir können frei atmen. Unsere leicht zurückgesunkenen Schultern sind entspannt. Wir haben eine stolze, thronende Kopfhaltung. Wir schließen ganz sanft die Augen und denken an das freundliche Lächeln, den liebevollen Blick, mit dem wir uns innen und außen selbst beschenken. Wir fühlen uns wohl und unsere Atmung wird zunehmend leichter und freier. Alle Gedanken, die jetzt noch von uns Aufmerksamkeit verlangen, können wir mit dem Ausatmen loslassen und können uns so von ihnen befreien.

Alles Bedrückende, mich negativ Belastende kann ich jetzt loslassen und ausatmen. Liebevolle Gedanken und Gefühle behalte ich und sende sie jetzt als aufbauende, positive Kraftstrahlen in meinen Körper. Mein Atem wird immer ruhiger und stiller, und auch in mir wird es nun ganz still. Jetzt habe ich alle äußeren Dinge losgelassen, ich fühle mich frei.

Nun lenke ich meine gesammelte Aufmerksamkeit in mein Energie- und Bewußtseinszentrum der Gnade und Barmherzigkeit. Ich schalte mich in den geistigen Stromkreis ein. Es wird mir bewußt, was Barmherzigkeit ist. Sie ist die Demut, die Dienerin des Nächsten, die alles einhüllt in das große verstehende, verzeihende Bewußtsein. Ich bin bereit, mich zu verändern und alle Kritik und allen Groll loszulassen.

Bewußtsein ist Licht, ist die zentrale Kraftquelle in mir, ist die Fülle aller Kräfte, ist Gott, ist das „Ich bin“ in mir.

Ich erwache im Bewußtsein des Ewigen. Seine helleuchtende Kraftstrahlung strömt in mein Bewußtsein, durchströmt meine Seele und meinen Körper. Mein Gehirn reinigt sich von allem Nichtigen, Unwesentlichen. Ich empfinde das „Ich bin", die ewige Kraft, das unendliche Bewußtsein in mir. „Ich bin", das ist das Leben, das ist Gott in mir.

Die Quelle allen Seins ist in mir und durchstrahlt jede meiner Zellen. Ich lebe, weil das Licht und die Kraft in mir sind.

Es durchstrahlt meine Stufe der Ruhe und Ordnung.
Es durchstrahlt meine Stufe der Kraft und des Willens.
Es durchstrahlt meine Stufe des Wissens und der Weisheit.
Es durchstrahlt meine Stufe der Wahrheit und des Ernstes.
Es durchstrahlt meine Stufe der Geduld und Güte.
Es durchstrahlt meine Stufe der Liebe und des Lichtes.
Es durchstrahlt meine Stufe der Gnade und Barmherzigkeit.

Das Tor zum Leben öffnet sich für mich und ich bin bereit, die Fülle des Lebens anzunehmen.

Strahlend weißes Licht aus der ewigen Quelle umfängt mich. Ich sehe den weißen, strahlenden Lichtkranz in meiner Stirn. Ich bin Licht aus seinem Licht. Ich bin Geist aus seinem Geist. Alles Schwere fällt von mir ab. Ich bin aus dem unendlichen Bewußtsein und trage alle seine Kräfte und Eigenschaften in mir.

Ich erkenne: In der Unendlichkeit des Lebens bin ich ein vollkommenes Wesen. Ich bejahe diese Kräfte in mir. Ich bejahe die Liebe, den Frieden, die Freiheit, die Harmonie und das Glück in mir. Ich bejahe die Demut, die Güte, die Sanftheit. Ich bejahe die Vollkommenheit in mir. Ich bin Bewußtsein, eins mit dem Ewigen, dem unendlichen Bewußtsein.

Im strahlenden Lichtstrom löst sich alles, wird frei und

leicht. Ich bin frei von allem menschlichen Leid, frei, weil das Licht in mir ist. Alles Schädliche, Verbrauchte, Kranke hat nun keinen Bestand mehr in mir, es löst sich in diesem Lichtstrom des Lebens auf.

Ich bin Sein, unendliches Sein des Ewigen. Ich bin, alles in allem, das Sichtbare und das Unsichtbare. Ich bin, was war, was ist und was sein wird. Alles ist in mir, nichts ist außer mir.

Ruhe, unendliche Ruhe und tiefer Frieden umfangen mich. Ich habe heimgefunden. Ich bleibe noch eine Weile in dieser Meditation.

Wenn wir die Meditation beenden wollen, strecken wir uns kräftig, gähnen herzhaft und stehen dann mit der Gewißheit auf: „In mir ist die Kraft und die Herrlichkeit, in mir wirkt Gott, die Liebe."

Alles in allem

Mit Hilfe dieser Meditationen werden wir fähig, die Harmonie wieder herzustellen, die das Leben und die Gesundheit des Körpers bedeutet. Solange wir diese Harmonie außerhalb von uns suchen, haben wir nichts verstanden. Erst wenn wir erkennen können, daß wir nur in uns selbst Sicherheit, Ruhe und Geborgenheit finden können, wenn wir wissen, daß wir in der Liebe leben und wenn wir darauf vertrauen, daß in uns unser wahres Selbst wirkt mit einem höheren Wissen als dem unseren, und daß alles so geordnet ist, daß wir in allem vollkommen leben können, dann haben wir unser Harmoniestreben verwirklicht. In Frieden, Glück, Gesundheit und Harmonie öffnen sich alle Tore für uns. In jedem Menschen oder jedem Umstand werden wir dann eine Situation sehen, die uns auf unserem Weg weiterhilft. Wir werden alles, was uns begegnet, aufmerksamer betrachten. Situationen, über die wir früher verächtlich hinweggesehen haben, betrachten wir dann mit mehr Aufmerksamkeit.

Selbst ein Buch schlagen wir nicht mehr achtlos auf.

Die Aufmerksamkeit, die wir uns und unserem Umfeld zollen, trägt dann Früchte. Mehr und mehr sehen wir uns so, wie wir wirklich sind, und erkennen, daß unser wahres Wesen umgeben und verdeckt wird von unserem Ego, unserer Persönlichkeit. Sie setzt sich aus unseren menschlichen Schwächen, erworbenen und geprägten Eigenschaften und unserer Ich-Bezogenheit zusammen. Wenn wir auf unserem inneren Weg fortschreiten wollen, müssen wir das Ego zugunsten unseres wahren Wesens aufgeben. Das ist nicht leicht, denn unser Ego wehrt sich mit allen ihm zu Gebote stehenden Mitteln. Einsicht und Selbsterkenntnis werden zu Fremdworten. Das wird erst anders, wenn wir uns ernsthaft entschlossen haben, nicht mehr an unserem Ego festzuhalten. Wenn wir es auf dem Altar unseres Herzens opfern, hören wir auf, uns zu verteidigen, etwas zu beschönigen, alle Dinge für uns ins rechte Licht zu rücken oder gar in Selbstmitleid zu ertrinken.

Täglich müssen wir mit Beharrlichkeit neu danach streben loszulassen, zu vergeben und die erkannten geistigen Grundkräfte im Alltag auch zu verwirklichen. Das ist absolut notwendig, denn: Je höher wir uns in unserer Seele entwickeln und die Verwirklichung im Menschen vernachlässigen, um so gehäufter treten Spannungen, Schwierigkeiten und Krankheiten in uns auf.

Wollen wir in Harmonie wachsen, muß unsere Aufmerksamkeit in allen drei Bereichen – Körper, Geist und Seele – wach sein und auch in ihnen muß die positive Umprogrammierung stattfinden. Dann wachsen wir mit Freude, Liebe und mit Zuversicht zu vollkommenen Wesen heran.

Kapitel 6
In uns ist die Heilkraft und der Weg

Wir haben alles erhalten. Die Entscheidung, wie wir leben wollen und was wir dafür an Kräften einsetzen wollen, müssen wir ganz allein treffen. Die Ausrede, schon immer auf der Schattenseite des Lebens gestanden zu haben, kann von nun an der Vergangenheit angehören. Wir wissen nun, daß wir die Ursachen, deren Wirkungen wir jetzt erleiden müssen, selbst gesetzt haben. Wenn sich die Zielrichtung, mit der wir die Dinge in unserem Leben verfolgen, nur an unserem persönlichen Vorteil orientiert, so werden Liebe und Freude in unserem Leben kaum Platz haben. Liebe, Licht und Freude können nur dann in uns einziehen, wenn wir wahrhaftiger, offener und selbstverständlicher miteinander umgehen. Dazu gehört das „Sich-selbst-Zurückstellen", um hören zu können. Auf diese Weise lernen wir dann unser Ego loszulassen. Wir werden bescheidener und erlangen Demut. Demut ist ein Wort, daß nur von Menschen, die tief von wirklicher Mystik durchdrungen sind, richtig angewandt wird.

Es bedeutet, Achtung vor einer höheren Macht zu haben, vor einer höheren Ordnung – auch Achtung vor uns selbst, vor dem ganzen Wunderwerk der Schöpfung. Was haben wir damit gemacht? Wir finden immer mehr Gründe, uns gegenseitig zu zerstören, nur mit feineren und raffinierteren Methoden. Erinnern wir uns daran, daß wir „geistige Wesen" sind, und daß auch die Natur aus diesem geistigen Stoff besteht. Wenn wir sie zerstören, zerstören wir auch uns.

Es ist falsch zu sagen, daß wir nichts daran ändern können. Wir können etwas ändern! Wir können jederzeit damit anfangen!

Wir müssen nur bei uns selbst anfangen, die Ordnung wiederherzustellen. Umwälzende Ereignisse kommen nicht von oben; sie werden in den Herzen der einzelnen geboren und dehnen sich als ein neues Bewußtsein über alle Grenzen aus. Der Ursprung dieser Ordnung ist immer derselbe. Die Quelle allen Seins, aller Kreativität, ist der ewige Geist, „das universelle, unendliche Bewußtsein“.

In einer Rückschau machen wir uns noch einmal bewußt, wie unser menschlicher Kreislauf funktioniert. Wenn wir uns unseren Tagesablauf einmal genauer ansehen, dann merken wir, daß es nicht das Übermaß an Arbeit ist, sondern unsere Zeiteinteilung und unsere unkontrollierten Gedanken, die eine zielstrebige, konzentrierte Arbeitsweise verhindern.

Der undurchsichtige Wald unserer Gedanken läßt es nicht zu, daß wir bewußt und konzentriert arbeiten. Abends sind wir müde und abgespannt, unfähig, klare Gedanken zu fassen und erkennen, daß vieles von dem, was wir uns für heute vorgenommen haben, unerledigt blieb. Wir sind unzufrieden und diese Unzufriedenheit nehmen wir mit in die Nacht, und weiter in den nächsten Tag und so weiter ...

Wenn wir diesen anerzogenen, menschlichen Kreislauf von unkontrolliertem Denken, Hast und Hektik nicht unterbinden, ziehen im Laufe unseres Lebens Unzufriedenheit und Lustlosigkeit in unseren Körper und auch in unsere Seele ein.

Die Folgen sind Arbeitsunlust und Versagen. Auf diese negative Streßsituation reagiert – nach dem kosmischen Gesetz – unsere Seele und jede Zelle unseres Körpers. Unsere Seele verliert ihre Schwingung. Sie wird müde. Die Zufuhr der geistigen Lebensenergie läßt nach und in unserem Organismus sowie in unserer Zellstruktur herrscht Energiemangel, der nach einer bestimmten Zeit die entsprechenden Wirkungen auslöst. Das heißt, wir erkranken oder es treffen uns Schicksalsschläge. Haben wir jedoch gelernt, unsere Gedanken zu ordnen, so ist es uns auch möglich, konzentriert und zielstrebig zu arbeiten. Das gesetzte Tagesziel wird auf diese Weise viel leichter erreicht und unsere Arbeit auch von Erfolg gekrönt sein. Zufrieden mit uns selbst und mit unserer Umwelt werden wir dann unseren Abend genießen und wir können mit Freude und Dankbarkeit den Tag beenden. Ein ruhiger und erholsamer Schlaf wird uns dann gewiß sein.

Vorschlag für ein Tagesprogramm

Tagesvorschau

Gleich nach dem Aufwachen folgt die Morgenmeditation mit dem Ansprechen des Körpers in seiner Zellstruktur, (zum Beispiel die „Meditation meines Herzens"). Wir sprechen unsere Gehirnzellen liebevoll an und übergeben unserem wahren Selbst den neuen Tag mit all seinem Tun.

Danach überdenken wir den vor uns liegenden Tag, das Wesentliche und die Termine des Vormittags. Zuerst sollten wir folgendes überdenken: Wieviel Zeit haben wir – das ist besonders wichtig – und was hat eventuell Zeit? Wer mag, kann sich Notizen machen.

Nun denken wir an den Nachmittag. Wie am Vormittag ordnen wir die Dinge nach Wichtigkeit. Aber wir sollten immer einen Spielraum für Unvorhergesehenes einplanen. Wenn möglich, planen wir gegen 18.00 Uhr Atem- und Körperübungen und eine Tiefenentspannung ein, wie sie zum Beispiel in meinen Buchcassetten „Wirbelsäulen-Gymnastik", „Yoga-Gymnastik" und „Yoga" (alle erhältlich bei der Modernen Verlagsgesellschaft) enthalten sind.

Kurz vor dem Schlafen überdenken wir den hinter uns liegenden Tag. Habe ich alles, was ich mir morgens vorgenommen habe, erreicht? Wenn nicht, warum nicht? Wenn ich unzufrieden und erschöpft bin, so ist in mir etwas nicht in Ordnung, und nur *in* mir kann ich es ändern.

Wir beziehen diesen Punkt in unsere anschließende Meditation mit ein und bitten den umwandelnden Kraftstrom um Hilfe. Im Vertrauen auf diese Kraft in uns können wir dann getrost einschlafen. Wir haben die Gewißheit, daß diese Kraft genau weiß, was für uns gut ist. Diese morgendliche und abendliche positive Programmierung und Hinwendung an den wahren Geist in uns bringt uns in Harmonie und ordnet unsere Tage.

Auf diese Weise gewinnen wir Zeit und Muße für uns und können diese zur Selbstbesinnung nutzen. Eine so geordnete Lebensweise fördert die Entspannung des gesamten Organismus und aktiviert die Energien aus der Seele. Unsere Lebensschwingung nimmt zu.

Wenn das Leben in uns fließt, entsteht unermüdliche Bewegung. Aus unserem Körper weichen Unzufriedenheit, Unlust und Krankheit. Daran können wir erkennen, daß es an uns liegt, unser tägliches Leben zu gestalten. Es sind allein unsere positiven, liebevollen Gedanken, die unseren Körper aktivieren und aufbauen. Den geistigen Gesetzen zufolge ziehen dann in unser Leben Gesundheit, Kraft und Lebensfreude ein; das bedeutet auch, daß die bedrückenden Sorgen und Ängste verschwinden. Durch diese bewußt geordnete Lebensführung übernehmen wir die Verantwortung für unser Dasein. Beginnen wir noch heute damit!

Frieden, Liebe, Licht und Klarheit sind innere Prozesse; sie sind die Voraussetzung für Harmonie. Dies ist unsere Chance, Frieden für die Welt zu schaffen. Jeder von uns ist dazu aufgerufen! Bejahen wir unser verantwortungsvolles Tun. Sagen wir uns: „Ja, so will ich leben. In der Gegenwart. Ich übernehme die Verantwortung für meine Worte, meine Gedanken und mein Handeln, denn ich bin der Erbauer meines Schicksals. Ich bin frei."

Die Meditation meines Herzens

„Laß Dir wohlgefallen die Rede meines Mundes und das Gespräch meines Herzens vor Dir, Herr, mein Hort und mein Erlöser." (Psalm 19, 15).

Meditation ist eine Erfahrung, und da jedem von uns eine andere Erfahrung zuteil wird, kann man sie nicht in ein bestimmtes Schema einordnen. Daher ist es egal, wo die Meditation geschieht. Wir erfahren in ihr immer wieder nur das eine:

Die Wahrheit, die wir suchen, ist schon in uns. Alles, wonach wir uns sehnen, ist bereits vorhanden. Es fehlt nur an der richtigen „Beleuchtung", damit wir das erkennen.

Solange wir die Außenwelt beleuchten, wird sich uns unser inneres, bereits vollkommenes, mit allen Fähigkeiten und Kräften ausgestattetes Wesen entziehen. In der Meditation beleuchten wir unser Inneres, und wenn unsere „Beleuchtung" stimmt, erkennen wir unser wahres Selbst, und damit den inneren Arzt und Heiler. Er ist mit seinem erlösenden und heilenden Wesen in uns. Wir werden niemals Gesundheit, Wohlstand und Freude finden, indem wir danach *suchen*.

Sie werden ganz von allein in unser Leben treten. Aber nur in dem Maße, in dem es uns gelingt, mit dem in uns lebenden geistigen Wesen und seinem Schöpfer in Gemeinschaft zu treten. In all unserem Tun können wir uns dann auf diese Verbindung stützen, und unsere Gedanken, Worte und Werke werden von seinem Geist, seiner Liebe und seinem Verständnis für uns und unsere Nächsten getragen sein. Eigentlich gibt es nur eines, worum wir bitten müssen – nur eine Notwendigkeit: geistige Erleuchtung.

„Klopfe an und es wird dir aufgetan“: Wir sollten ernsthaft um die Gabe des Geistes bitten, damit die inneren Augen sehen und die inneren Ohren hören, dann wird sich der Geist in uns als Fülle und Versorgung offenbaren. Viele von uns suchen sie in jahrhundertealten starren Systemen oder verstricken sich in magischen und spiritistischen Betätigungen.

Dabei kann es leicht geschehen, daß sie die einfache Wahrheit übersehen: Gott, der Geist des Lebens und der Liebe ist in uns und wirkt als Christuskraft – als Erlöserkraft – in unserem Herzen.

Der Weg der östlichen Weisheiten und Religionen und auch der der Patriarchen des alten Testamentes baut ebenfalls auf Gottes Ordnung und Weisheit auf, und niemand wird bestreiten, daß er zum Ziel führt. Auch wir bauen darauf auf, nur wurde durch Jesus von Nazareth, dem Mann, in dem Gott selbst Mensch wurde, ein neuer Bund mit uns geschlossen. Dieser Weg ist aber nicht nur der neuere, sondern er ist auch der sehr viel leichtere, weil er wesentlich größere Hilfen und raschere Erfahrungen bietet. Es ist der Weg der Liebe, des Verständnisses und der Barmherzigkeit für uns selbst und für unsere Nächsten.

Damit verbunden ist aber auch das Erkennen seiner geistigen Gegenwart in uns. Unsere menschlichen Schwächen und Bedrückungen, unsere Sorgen, Nöte und Krankheiten, die – wie wir erkannt haben – aus uns selbst hervorgegangen sind, brauchen wir nun nicht mehr selbst abzutragen. Die mühsamen und immer wieder fehlschlagenden Versuche, sich zu ändern, können wir nun abstellen.

Der geistigen Gegenwart, dem Christus in unserem Herzen können wir diese Lasten aufbürden. Er wartet nur darauf, von uns erkannt und angenommen zu werden. Haben wir dann aber einmal gemerkt, daß seine geistige Gegenwart die wahre Seele unseres Wesens ist, dann werden wir die Erfahrung machen, daß alles, was wir dieser Christuskraft vertrauensvoll übergeben, von ihr in Gutes umgewandelt wird und unsere Seele heilt. Die Kraft des unsichtbaren Christus in uns wirkt in voller Einheit mit der Urkraft Gottes. Die Worte Jesu „Der Vater und ich sind eins." bedeuten demnach: *ein* Geist, *eine* Seele, *eine* Wahrheit und *eine* Liebe.

Die innige und bewußte Verbindung mit unserem wahren Selbst und dessen nun von uns zugelassener Führung in unserem Erdenleben macht uns frei von negativen Bindungen, frei vom allzu menschlichen Streben sowie den Vorstellungen und Wünschen, die bislang die Ursache unseres Leidens und unserer Krankheiten waren.

In diesem Einssein, in der bewußten Vereinigung mit Gott in uns, liegt unsere Stärke, unsere Versorgung, unser Friede, unsere Freude, unsere Harmonie, unsere Liebe und all unser Segen. Wer das aber nicht will, der kann auch andere Wege gehen, wie zum Beispiel den harten alten Weg der „Tugenden" üben, okkulte, spiritistische oder magische Praktiken versuchen oder östliche Weisheitslehren studieren; und das so lange, bis er an sich zweifelt oder die Geduld verliert.

Die Herzensmeditation

Wir nehmen für diese Meditation eine aufrechte Sitzhaltung ein. Die Hände legen wir geöffnet dicht an die Leisten auf die Oberschenkel. Nun spannen wir die Gesäß- und Bauchmuskeln an und richten unser Becken auf. Wenn unser Rücken ebenfalls aufgerichtet ist, die Schultern entlastet sind, der Brustraum frei ist und unser Kopf sich in einer aufrechten, stolzen Haltung befindet, dann entspannen wir uns langsam in unseren Beinen, im Becken und im Bauch.

Ein tiefes, erleichtertes Aufatmen zeigt uns an, daß wir richtig sitzen. Nur wenn unsere Wirbelsäule stabil ist, kann sich unser Atem frei entfalten.

Nun schauen wir in einen Spiegel: Ist das ein Gesicht, das ich mag? Könnte ich ihm liebevoll und freundlich zulächeln? Oder ist es ein Gesicht, dem ich am liebsten ausweiche? Vielleicht kann ich mir nicht in die Augen sehen, weil ich das, was ich da sehe, nicht mag? Was kann ich denn in meinem Gesicht sehen, das mich so ängstlich ausweichen läßt? Sind es meine ängstlichen Gesichtszüge, die durch meine ständigen Gedanken an Krankheit und Sorge entstanden sind?

Die Zornes- und Unmutsfalten auf meiner Stirn sagen aus, wie ich über mich und andere denke. Meine verkniffenen Augen mit den vielen Fältchen zeigen mir meinen engen Blickwinkel, sie drücken aus, wie eng ich alles sehe, wieviel Groll ich in mir trage. Meine ständig leicht gerümpfte Nase zeigt an, daß ich mich gerne über andere erhebe, mich besser dünke als sie. Mein verbissener Mund macht ganz deutlich, wie verkrampft ich durch mein Leben gehe, wie verbissen ich meine Ziele verfolge.

Ängstlich hochgezogene Schultern drücken die Angst in mir aus. Wovor eigentlich?

Das, was ich da sehe, habe ich selbst bewirkt. Mein Gesicht zeigt nur, wie ich tatsächlich denke, wie es in meiner Seele aussieht. Dabei kann mir eigentlich niemand Sorgen bereiten oder Angst einflößen. Ich selbst bin es, der sich Sorgen macht oder sich ärgert, weil andere nicht so sind, wie ich sie gerne hätte. Ich selbst rede mir ein, Angst zu haben, vor dem Leben oder vor anderen. Doch niemand hat Macht über mich, es sei denn, daß ich sie ihm gestatte.

Mein negatives Spiegelbild zeigt mir ganz deutlich, daß ich nicht viel von mir halte, daß ich mich nicht mag. Das will ich ab heute ändern, denn ich weiß jetzt, daß es meine Gedanken an Krankheit und meine Gefühle sind, die mich so geformt haben. Niemand anderen kann ich dafür verantwortlich machen. Mit Selbstanklagen kann ich mir aber auch nicht helfen – sie würden alles nur noch schlimmer machen. Ich beschließe, ab nun gesund zu sein. Ich lasse mein Denken aus der Vergangenheit los und verändere mein Spiegelbild, indem ich über meine Gesundheit meditiere. Ich bin bereit mich zu verändern und zu vergeben.

Ich bin gesund, ich bejahe die Lebenskraft in mir. Ich bejahe das vollkommene Wesen in mir, die Gegenwart des Christus in meinem Herzen. Dankbar nehme ich seine Hilfe an und lasse mich durch seinen Kraftstrom umwandeln. Ich finde zu meinem ursprünglichen Leben zurück, das auf Kraft, Weisheit, Gesundheit, Glück und Zufriedenheit beruht. Meine Gedanken an Sorge, Not und Krankheit lege ich nun in den aktivierenden, heilenden Strom. Ich sage ja zu meiner Gesundheit. Aus meinem Spiegelbild weichen die Sorgen- und Unmutsfalten. Meine Stirn wird glatt und frei. Ich lasse meinen Groll los und nehme das Leben an.

Die Kraft in mir versorgt mich mit allem, was ich brauche. Meine Augen sehen alles in rechter Weise. Mein Ärger und das kleinliche Denken hört nun auf. Mein Blickwinkel vergrößert sich. Ich sehe hinter allem den Geist des Lebens walten. Meinen Hochmut über andere lege ich nun ab. Wir sind alle aus dem gleichen Geist und in jedem wirkt die gleiche Kraft. Nun kann ich auch meine Verbissenheit und Verkrampftheit aufgeben.

Ich bin nicht einsam oder allein. Mein Herz hat unendlich viel Liebe zu geben.

Die Kraft der Liebe in mir sorgt in ausreichender Fülle für mich. Sie durchströmt alle meine Glieder. *Ich bin gesund!* Ich bejahe die Kraft in allen meinen Zellen, Organen, Drüsen und Hormonen. Ich bejahe die Kraft in meinem Nervensystem. Jede Körperzelle erwacht durch meine liebevollen Gedankenkräfte.

Ich bin gesund!

Ich bin frei von jeder Vorstellung einer Krankheit in mir, denn ich bejahe die umwandelnde heilende Christuskraft in mir.

Ich bin gesund!

Ich sehe mich an und plötzlich kann ich mir freundlich und liebevoll zulächeln. Mein Spiegelbild zeigt freundliche und glückliche Züge. Es zeigt Besonnenheit, Ausgewogenheit, Harmonie und Liebe. Ich bejahe die Kraft in mir.

Ich bin gesund!

Mein Leben wird von nun an positiv verlaufen. Ich bin frei von meiner Vergangenheit. Die Gegenwart erschafft meine Zukunft. Durch mein positives Denken, Reden und Handeln erlange ich die Kraft, über die Dinge hinauszusehen. Ich bin frei von den Meinungen meiner Nächsten. Ich fühle die Kraft in mir – sie macht mich frei.

Ich bin gesund!

Wir ruhen nun noch eine Weile in dieser Meditation ...

Dann beenden wir sie mit einem kräftigen Dehnen, Räkeln und herzhaftem Gähnen.

Vertrauen wir uns dem Christus in uns an. Er allein kann uns helfen. Er macht uns frei von allen äußeren Belastungen. Unser Spiegelbild verändert sich nun zusehends. Wir werden freudig, tatkräftig, liebevoll, gelöst und frei von den Ideen, Meinungen, Philosophien oder Ideologien anderer.

Wir sind frei von Furcht, Krankheit und Not, denn wir haben gelernt, uns mit dem „Inneren Wesen" zu verbinden, mit Christus. Wo Er in uns wirkt, kann es nichts mehr geben, was uns schaden könnte.

„Du Geist der Wahrheit, gehe auf in meinem Herzen und stärke mich mit deiner Kraft. Durchströme alle meine Zellen mit deiner heilenden Lebenskraft."

„Die Erde ist des Herrn und was darinnen ist; der Erdboden und was darauf wohnet.“ (Psalm 24, 1).

Wenn wir durch unsere Meditation in die Tiefe finden wollen, müssen wir uns immer wieder bewußt werden, daß alles Leben aus dem Geist ist, aus dem ewigen Licht. Indem wir still werden und in unserer Meditation das geistige, göttliche Wirken auf unserer Erde betrachten, sind wir Zeugen dieser sich ständig erneuernden Fülle. Aller Segen der Erde ist Ausdruck oder Ausstrahlung Gottes und seines Gesetzes: die Sonne, die uns erwärmt, der Regen, der die Pflanzen nährt, die Sterne, der Mond und die Gezeiten. Sie alle erfüllen die Funktionen des ewigen Geistes und erscheinen uns als Segen. Es war kein Zufall, daß alles für uns zum Segen entstanden ist. Ein System von Sonne, Mond und Planeten – eine Ordnung, die alles in der Natur wachsen, gedeihen und reifen läßt; eine Ordnung, die den Meeren und Flüssen die Fische gab und der Luft die Vögel.

Dieser ordnende Geist ist in meinen Augen Gott, ist die Intelligenz des Alls, eine Intelligenz, erfüllt von Liebe und Weisheit. Seine Liebe zeigt sich uns in dem ganzen Reichtum, der – lange bevor der Mensch war – in die Erde gepflanzt wurde.

Die Vorgänge in der Natur, die zum Beispiel Gold und Uran, Kohle, Eisen und Öl werden ließen, entspringen ebenfalls dieser wirksamen Ordnung. Für all unseren irdischen Bedarf hat die göttliche Liebe und Weisheit bereits vorgesorgt. Können wir uns mehr erbitten als die Erkenntnis, daß die Liebe, die sich in der Schöpfung und Erhaltung des Alls zeigt, auch unser Leben, unsere Welt und unsere Arbeit versorgt?!

In allen Dingen können wir Gott erkennen. Vor allem aber schauen wir ihn in seiner Liebe.

Gott liebt, was er geschaffen hat: Er sorgt für die Nahrung und die Vermehrung der Fische im Meer. Er liebt die Vögel in der Luft und sorgt für ihre Nahrung in Wald und Flur. Er sorgt für die Wärme, den Wind und das nährende und kühlende Wasser. Er liebt auch uns und er hat diese Liebe sichtbar gemacht, indem er sich uns durch seinen Sohn gab. Er hat sein Leben, seine Weisheit und seine Liebe in uns verkörpert. Wir brauchen nur dem geistigen Gesetz der einen Ordnung und dem Gesetz der Liebe zu folgen, alles andere wird uns zufallen. Das ist sein Geschenk an uns. Nach dem Grad unserer Erkenntnis, daß es nur einen Ursprung allen Seins gibt, wird uns gegeben, wird uns seine Liebe, seine Intelligenz und Weisheit, seine Führung und Kraft geschenkt.

Die Meditation der Liebe

Wir nehmen eine aufrechte Sitzhaltung ein. Die Hände legen wir geöffnet in den Schoß, dicht an unsere Leisten. Die Arme ziehen wir dicht zum Körper. Das hilft uns, den Rükken gerade zu halten. Unser Kopf thront in aufrechter Haltung auf unseren entlasteten Schultern. Wir schenken unserem Inneren und Äußeren ein heiteres, gelassenes Lächeln, einen liebevoll freundlichen Blick. In uns wird es ruhiger, und unsere Atembewegung ist nun im Nabelbereich zu spüren.

Wir entspannen uns immer mehr.

Wir beobachten den Atem, wie er kommt und geht. Alle störenden Empfindungen und Gedanken schicken wir fort.

Vorstellungen und Wünsche, die mich noch überfluten, lasse ich langsam los. Auch meine Alltagsgedanken an das, was noch zu tun wäre, kann ich nun loslassen.

Mit jedem Ausatmen werde ich freier und leichter. Ich atme alles, was meinen Körper belastet, aus. Ich löse mich von Haß, Neid, Feindschaften und Lieblosigkeit. All meine Schwächen und negativen Gedanken atme ich aus, ich übergebe sie dem Christusgeist in mir. Jetzt bin ich frei und nun lasse ich es atmen.

In meiner Vorstellung gehe ich nun in einen Garten. Es ist Winter und alles ist noch kahl. Aber in der Luft liegt schon ein Ahnen. Es wird Frühling, und mit ihm drängt die Lebenskraft in allem zur Entfaltung. Ich sehe einem Gärtner zu, der von einem der Obstbäume einen Teil der Krone aussägt. Er möchte den Baum ertragreicher machen. Zwei Obstsorten soll er demnächst tragen. In mir regt sich Unbehagen, denn wenn ich diesen Baum mit anderen vergleiche, so sieht er nun verschandelt und leidend aus. Es wird mir bewußt, daß die Ordnung gestört ist. Durch das Eingreifen des Menschen ist die Harmonie verloren gegangen. Trotzdem bleibt der Baum in seiner Art erhalten. Was ihm auch immer aufgepfropft wird, Stamm und Wurzel prägen seine unvergleichliche Art.

Die unablässig strömende Lebenskraft erhält ihn trotz des Eingreifens.

Ich erkenne: Wir können zwar das Äußere verändern, aber wir können den Geist Gottes an seinem Walten und Wirken, am Strömen und Geben seiner Kraft nicht hindern.

Das Wesen aller Dinge bleibt auf ewig gleich. Nun betrachte ich mich selbst. Auch ich bin ein Baum im Garten des Lebens. Die ewig erneuernde und erhaltende Kraft strömt auch in mir, sie ist auch meine Essenz. Die allumfassende, sorgende Liebe durchströmt und erhält auch mich, sein Geschöpf. Unaufhörlich strömt diese Liebe und jede Seele empfängt sie nach ihrem Bewußtsein. Wenden wir uns von dieser Kraft des Lebens ab, weil unser menschliches Ich glaubt, alles besser und schneller machen zu können, so verändern wir zwar die Krone unseres Lebensbaumes, aber wir stören die Harmonie und verlieren die Gesundheit. Auch wir pfropfen unserem Lebensbaum unsere menschlichen Gewohnheiten, Schwächen und Neigungen auf und prägen so unsere „Krone“.

Ich erkenne: Mein Wesen und meine Art werden von meinen Empfindungen, von meinem Denken und Handeln geprägt. Jeder Mensch prägt sich auf diese Weise selbst und so wird auch die Harmonie seines Lebensbaumes beschnitten. Ich will mich nun in meiner Krone erkennen:

- in der Unordnung in meinem Leben,
- in meinem eigensinnigen Verhalten,
- in meinen vorschnellen Urteilen,
- in meinem Wahrheitsdenken,
- in meinem ungeduldigen Umgehen mit der Zeit,
- in meiner mangelnden Liebesfähigkeit,
- in meiner mangelnden Barmherzigkeit.

Niemanden kann ich dafür verantwortlich machen. Ich vergebe allen und bitte selbst um Vergebung.

Nun löse ich diese aufgepfropften Zweige aus meiner Krone. Auch andere niedrige Triebe löse ich jetzt ab. Alles, was die Harmonie meines Lebensbaumes stört, entferne ich aus seiner Krone, bis sich mein ureigenstes Wesen, das Wesen aus Gott wieder entfalten kann.

Ich erkenne:

Ich habe die Freiheit, mich jederzeit zu verändern. Alles, was ich an Negativem aufpfropfe, hindert mein inneres Wachstum und macht mich unharmonisch und krank. Doch ich bleibe in meinem innersten Kern das, was ich war, bin und sein werde – ein Geschöpf Gottes.

Egal, wie ich mich äußerlich verändere, in mir fließt seine sorgende, mich erhaltende Liebe – die Lebenskraft.

Ich erkenne:

Ich bin ein Geschöpf der Liebe und Weisheit Gottes.

Ich bin Geist aus Seinem Geist.

Es fließen mir Seine Kräfte nun vermehrt zu, mein Lebensbaum wird stark und gesund, meine Krone beginnt zu blühen, meine Früche reifen und tragen Harmonie, Liebe und tiefen Frieden.

Die Ordnung ist hergestellt, ich erkenne mich in der Harmonie meines inneren Lebens.

Mit dieser Erkenntnis im Herzen verlasse ich den Garten des Lebens.

Solange wir noch ruhen wollen, verbleiben wir in dieser Meditation.

Bevor wir aufstehen, räkeln und dehnen wir uns, gähnen ein paarmal kräftig und gehen innerlich gestärkt zu unserem Alltag zurück.

Die Meditation zur geistigen Heilung

Wir können alles, was wir im Leben empfangen, weitergeben, denn das Leben ist ein Kreislauf. In der äußeren Welt der Materie wie auch in der inneren Welt des Geistes. Wenn wir nun die Kraft der Liebe empfangen dürfen, müssen wir sie auch weitergeben. Die Kraft der Liebe muß frei strömen dürfen, sonst blockieren wir uns selbst und verhindern unsere geistige Entfaltung. An wen können wir nun diese Liebe weitergeben?

An unsere Mitmenschen!

So wie Christus es lehrte, indem er Heilungsuchenden die Hände auflegte und den Geist des Vaters bat zu helfen, so taten es zu allen Zeiten und tun es auch heute Menschen, die Christus im Herzen tragen und die Liebe des Vaters weitergeben möchten. Ein wahrer Heiler schenkt den Heilungsuchenden nur die Heilkraft aus der unmittelbaren Gegenwart Gottes.

Durch ihn hindurch fließen diese Kräfte, die anderen Menschen Heil und Heilung bringen, die befreiend und erlösend wirken, die Qual und Schmerzen in Segen verwandeln.

Wie können wir dies nun tun?

Durch die Heilmeditiation gelingt es uns. Sie ist die höchste, schönste und beglückendste Form der Meditation. In der Heilmeditation werden wir zum Mitwirkenden Gottes, zu seinem Helfer. Wir können dabei Wunder erleben, Wunder, wie sie nur von großer Liebe hervorgebracht werden können. Jesus sagte dies in seinen Worten: „Wer an mich glaubt, aus dessen Liebe werden Ströme lebendigen Wassers fließen". Seine Kraft und die erbarmende Liebe des Vaters ist es, die in uns zum Segen für uns und alle wirkt. Wir Meditierende sind nur die Vermittlung, sind Kanal für diese Heilungskräfte.

Die Meditation

Wir nehmen eine aufrechte Sitzhaltung ein und legen unsere Hände geöffnet dicht an unsere Leisten. Unser Becken ist aufgerichtet und stützt unserenRücken. Wir stellen uns die Wirbelsäule als einen starken Baumstamm vor, an den wir uns vertrauensvoll anlehnen dürfen. Auf unseren entlasteten Schultern thront unsere Kopfkrone. Wir entspannen unser Gesicht, schließen die Augen und schenken uns einen liebevollen Blick nach innen.

Wir beobachten, wie unsere Atemwelle kommt und geht. Wir atmen uns frei. Frei von allen Belastungen und von allem Negativen. Unser eigener Wille muß nun schweigen. Alle Gedanken und Vorstellungen weichen der tiefen, inneren Stille, in der die Begegnung mit der Gegenwart Gottes stattfinden kann. Wir versenken uns tief in der waltenden Gegenwart und bitten um die Erfüllung mit seinem heiligen Geist.

Wir bitten auch um die Führung und Leitung durch seinen Willen. Wir schalten uns dann in den geistigen Kraftstrom ein. Auf unsere Seele haben wir eine Last geladen. Die Last ist die Not eines anderen, eines einzelnen oder mehrerer, die anwesend oder weit entfernt sein können. Wir lassen das Bild der notleidenden Person in uns lebendig werden. Wir bitten Christus schlicht um Hilfe – um seine heilenden Kräfte. Wir lassen keinen Zweifel aufkommen, auch keine Gedanken, kein menschliches Verstehen-Wollen.

Die Gegenwart Christi und der aufrichtige Wunsch um Hilfe genügen, damit etwas geschieht. Wir bleiben Zeugen dieses Geschehens, weiter nichts.

In uns erwacht tiefes Mitgefühl, verständnisvolle Liebe und Barmherzigkeit für unseren notleidenden Mitmenschen. Damit hüllen wir ihn ein wie in einen schützenden Mantel. Die heilende Kraftstrahlung von Christus verströmt sich in der Seele des Kranken und nimmt uns die mitgebrachte Last ab. Wir ruhen noch eine Weile in dieser heilbringenden Stille …

In jedem Menschen, der auf diese Weise angerührt wird, gibt es eine Veränderung. Selbst wenn es zu keiner Heilung kommt, wird doch eine Erfahrung gemacht, die die Angst nimmt und für innere Ruhe und für Frieden sorgt. Ist dies nun alles nur Einbildung oder geschieht tatsächlich etwas? Es liegt an uns, wie weit wir mit diesen Zweifeln fertig werden. Wer völlig selbstlos dienen möchte, wird keine Zweifel haben. Er ist sich seiner geistigen Verbindung sicher.

Wer sich allerdings hervorheben möchte, etwas Besonderes sein will, der wird Zweifel an diesem Geschehen haben. Hier beginnt der Glaube, der „Berge versetzen“ kann. Hier zählt allein das innere Empfinden und Erleben, das Erkennen der geistigen Wahrheit in einem reinen Herzen. Wenn uns die inneren Augen geöffnet worden sind, vermögen wir die Quelle des Heilstromes zu sehen. Er durchströmt die Seele des Notleidenden und heilt sie.

„Danke" zu sagen für etwas, was man empfängt, ist keine Schande. Es sollte vielmehr eine Selbstverständlichkeit sein. Aber danken wir wirklich für alles, was wir empfangen? Ich glaube, daß für uns die Fülle des heutigen Lebens so selbstverständlich geworden ist, daß wir das Danken fast vergessen haben.

Wir alle haben sicher schon die Erfahrung machen können, daß wir überall dort, wo wir das „Danke" nicht vergessen haben, gerne wiederkommen dürfen und eine geöffnete Tür finden. Das lehrt uns, daß die Dankbarkeit eine einmal geöffnete Tür nicht wieder zufallen läßt. So ist es auch auf unserem inneren Weg. Ist einmal ein Tor von uns geöffnet worden, so wird die geistige Kraft verstärkt in uns einstrahlen. Es liegt dann an uns, diesen Kontakt zu pflegen. Dazu gehört das Danken und Loben. Dieser Dank muß tief aus unserem Herzen kommen, sonst geht uns wieder alles verloren.

Das Danken in der Meditation ist ge-dank-liches Festhalten an der Weisheit und Liebe Gottes, in der ge-dank-lichen Verbindung mit unserem wahren Selbst. Alles, wofür wir ehrlich und aus der Tiefe unseres Seins heraus danken können, wird Wirklichkeit – ist bereits Wirklichkeit in der inneren Welt, in der die Dankbarkeit ihre Wurzel hat.

Unsere äußere Welt muß der inneren, feinstofflichen Welt unserer Seele folgen – ob sie will oder nicht. Das ist das Gesetz der kosmischen Ordnung. Es ist nur eine Frage der Zeit und unserer inneren Pflege des Kontaktes, bis das, was innen in der Seelen-Welt schon verwirklicht ist, auch außen in der Körper-Welt realisiert wird.

Was bedeutet dies in der Praxis? Der Mensch ist eine Einheit aus Körper, Seele und Geist. Körper und Seele werden krank, der wahre Geist in uns jedoch wird niemals krank. Er ist das absolute, vollkommene Ebenbild Gottes, der reine Wesenskern in der Wurzel unserer Seele. Für dieses Wesen in uns gibt es keine Krankheit, wir können es nicht einmal durch negative Taten belasten.

Krankheit entsteht immer dann, wenn wir uns von diesem geistigen Wesenskern, jenem Teil von Gott und vom Schöpfer selbst abgewandt haben. Wenn wir aber Danken und Loben, wenden wir uns Ihm wieder zu, indem wir Ihm nun für dieses geistige Wesen, dieses „Ich bin“ in uns danken. Es wird sich in uns entfalten und die geistige Kraftstrahlung nimmt zu. Gesundheit und Harmonie kommen nicht von außen; sie sind bereits in jedem von uns vorhanden.

Die Ursache für ein glückliches Leben ist immer vorhanden. Danken wir dafür und der Geist in uns nimmt zu, das kosmische Gesetz von Ursache und Wirkung wird Wirklichkeit. Körper und Seele werden gesund.

Wer krank ist, trennt sich (bewußt oder unbewußt) von seelischen und körperlichen Giften. Wem dies bewußt wird, der kann auch das Leid verstehen. Er wird im Vorgang des Leidens nichts anderes sehen als eine Trennung von falschen Verhaltensweisen, besitzergreifenden Gefühlen, von Eigenschaften und Prägungen, die uns an die Materie ketten und unseren Geist gefangenhalten.

So schafft jenes höhere, geistige und unendliche Bewußtsein, das unserer ewigen Bestimmung gemäß ist, – mit mehr oder weniger sanfter Gewalt – Krankheit und Leid. Betrachten wir Krankheit und Leiden auf diese Weise, können wir auch dafür danken – danken für die Liebe und Fürsorge, die wir darin erkennen können.

Die Meditation

Wir nehmen eine aufrechte Sitzhaltung ein und entspannen uns. Die Hände liegen geöffnet im Schoß. Der Rücken bleibt aufgerichtet. Der Kopf thront auf den entlasteten

Schultern und wir entspannen unser Gesicht. Die Augen sind ganz weich geschlossen. Wir schenken uns ein liebevolles Lächeln für innen und außen.

Wir erhalten so die Ruheatmung und fühlen, wie sich heitere Gelassenheit in uns ausbreitet. Unser Bewußtsein löst sich von den äußeren Dingen; wir atmen sie aus und machen uns davon frei.

In unserer Empfindung bleiben wir in unserem Bewußtseinszentrum der Liebe, im Stirnraum. Hier, in der Wurzel der Seele ist der Raum des einen Geistes in uns.

Aus tiefstem Herzen bitte ich dich, der du in mir wohnst; mit allem, was ich bin und in mir habe, wende ich mich nun an dich.

Ich verlange und suche nichts. Du bist der Quell allen Lebens in mir, du bist Geist und Seele meines Wesens. Ich möchte in deiner Gegenwart ruhen und die Freude und Zuversicht spüren in der Gemeinschaft mit dir. Ich weiß, daß deine Liebe und Fürsorge weit über mein Fassungsvermögen hinausgeht. Vergib mir, daß ich das noch nicht verstehen kann. Ich will auch allen vergeben, die mir gegenüber schuldig geworden sind. Ich will vergeben und alle stillen Vorwürfe und Vorhaltungen vergessen. Ich will dir danken, daß du mir hilfst, den Himmel in mir wieder hell und rein zu machen.

Ich danke dir, daß ich nun glauben und verstehen kann, daß du in mir bist, daß du als absolut gesundes und vollkommen reines Wesen in mir wohnst.

Ich danke dir, daß dieses Wesen zu mir gehört, ganz persönlich, und daß es nicht etwas Fremdes ist. Ich habe es nur nicht gekannt, weil ich von ihm getrennt war.

Mein Bewußtsein ist auch dein Bewußtsein. Mein „Ich bin“, ist auch dein „Ich bin“. Mein wahres Wesen weiß, daß ich dein Ebenbild bin und als dein Ebenbild darf ich sagen: „Ich bin gesund, du hast mir eine unzerstörbare Gesundheit gegeben, dafür danke ich dir.“

Ich danke dir für die Ordnung in mir.
Ich danke dir für deine Kraft und deinen Willen in mir.
Ich danke dir für deine Weisheit in mir.
Ich danke dir für deinen Ernst und die Wahrheit in mir.
Ich danke dir für deine Geduld und Güte in mir.
Ich danke dir für deine Liebe in mir.
Ich danke dir für deine Gnade und Barmherzigkeit in mir.
Ich danke, daß du willst, daß ich gesund an Leib und Seele bin. Deinem Willen kann sich nichts widersetzen.
Ich erkenne:
Dein Geist macht mich gesund. Ich spüre, wie deine Kraft mich durchströmt, alles Schädliche, Niedere von mir abfällt.
Dafür will ich dir danken!
Ich will dir nicht nur jetzt, sondern an jedem Tag danken, daß alle, die mühselig und beladen sind, zu dir kommen dürfen dank deiner Zusage.
Dafür will ich dir danken!
Wir verbleiben noch eine geruhsame Weile in dieser Meditation.
Wir beenden dann die Meditation mit einem herzhaften Räkeln und Dehnen.

Wenn wir diese Meditation wie auch die anderen, nicht nur einmal lesen, sondern immer wieder in die Stille gehen, dann läßt uns die innere Stimme intuitiv Entscheidungen oder Beschlüsse bereits im voraus erahnen.

Dann wird die innere Stimme klar zu vernehmen sein, die uns ermahnt, berät, beschützt und richtig leitet. Wenn wir vor gedankenlosen Handlungen oder unüberlegten Sprechweisen – den Folgen unserer allzu menschlichen Schwächen – sicher sein wollen, dann muß die Meditation ihren festen Platz in unserem Lebensalltag bekommen. Dann werden wir ernten, was wir säen!

Liebe, Liebe und nochmals Liebe!

Es ist die Kraft der Liebe, des Lebens selbst, die in uns wirkt, die uns die Türen öffnet zu jenen feinstofflicheren Welten, die man das Reich Gottes nennt.

Die drei Wahrheiten*

„Höre mich an, mein Bruder", sagte er. „Es gibt drei Wahrheiten, die absolut sind und niemals verloren gehen können – die aber in Schweigen versinken können, wenn sie nicht ausgesprochen werden:

1. Die *Seele* des Menschen ist unsterblich; und ihre Zukunft ist die eines Wesens, dessen Wachstum und Herrlichkeit keine Grenzen hat.
2. Das Ur-*Prinzip*, welches das Leben gibt, wohnt in uns und außer uns. Es ist unvergänglich und ewig Segen bringend. Es kann nicht mit den Sinnen wahrgenommen werden, aber jeder Mensch erkennt es, der die Erkenntnis sucht.
3. Jeder bestimmt sein *Geschick*, sein *Glück* oder Elend. Er selbst ist der Richter seines Lebens und gibt sich selber Lohn und Strafe.

Diese Wahrheiten sind so groß wie das Leben selbst, und doch so einfach wie der schlichteste Menschengeist. Speise die Hungrigen mit ihnen!"

* Aus der Zeitschrift „Der weiße Lotus". Hirthammer Verlag, München (in jeder Ausgabe auf Seite 2)

Nachwort

Anders denken lernen – Was bedeutet das für uns?

Es bedeutet das redliche Bemühen, uns selbst und die anderen immer besser kennenzulernen, das Positive zu erkennen, das in uns und in anderen steckt. Es bedeutet, aufeinander zu hören und einander zu verstehen. Es bedeutet auch, einander mit dem freundlichen Blick der Liebe zu begegnen, über vergangene Fehler den Mantel der Barmherzigkeit zu breiten, einander anzunehmen, einander zu achten und zu vertrauen. Deshalb ist es notwendig, daß wir uns selbst und so viele Menschen wie möglich zur inneren Einkehr bewegen und damit zur Liebe führen; der Liebe, die uns nicht nur auf uns selbst und unsere Interessen schauen läßt, sondern uns dazu führt, alle Hindernisse zu überwinden, die die Menschen voneinander trennen.

Allein die mächtige, sorgende, fruchtbare Kraft der Liebe vermag die Menschen zu einen und zusammenzuhalten.

Wir sollten lernen und lehren, Liebe zu verbreiten.

Doch nur wer sich selbst liebt und geliebt weiß, kann auch Liebe geben, kann wirklich lieben. Aber von wem sollten wir uns geliebt fühlen?

Von dem einen, der die Liebe selbst ist? Öffnen wir unsere Augen, entdecken wir, welches Glück wir haben.

Werden wir uns bewußt, daß die Liebe bereits in uns ist, daß sie nur darauf wartet, von uns erkannt zu werden, damit sie unser Leben begleiten, beschützen und uns Hilfe geben kann. Glauben wir daran, daß wir vom Geist des Lebens – von Gott – geliebt sind. Dann können wir uns mit noch größerem Vertrauen in die Liebe einlassen und mit diesem Bewußtsein zusammen die Zukunft gestalten. Unser Leben muß dann in ständiger Gemeinschaft mit unserem innersten wahren Wesen und mit Gott sein.

Von daher wächst die Bedeutung der Meditation, die sich jedoch nicht auf eine bestimmte Zeit beschränken darf, sondern unser ganzes Leben durchdringen muß.

Es gibt viele Techniken und Methoden.

Einige scheinen eine Veränderung zu erreichen. In vielen Fällen jedoch ist die Veränderung nur eine vorübergehende, etwa so anhaltend wie die Vorsätze an Silvester. Die Quelle des negativen, lieblosen Verhaltens bleibt meist im Verborgenen und wirkt sich dementsprechend immer wieder negativ aus. Wir wünschen uns eine möglichst rasche Änderung zum Besseren, dabei ziehen wir die vielen Methoden der Suggestion und die Macht des positiven Denkens zu Rate.

Wirklich Positives ist aber erst möglich, wenn man sich als das erkennt, was man immer war, ist und sein wird – ein geistiges Wesen und somit ein Teil von Gott. Das bedeutet aber, daß man sein Leben und sein Verhalten erforschen muß und den manchmal recht lieb gewordenen „Schweinestall" ausmisten muß.

Erst dann können wir negatives in positives Verhalten umwandeln.

So erfahren wir das Leben in Liebe und Frieden – in seiner ganzen wunderbaren Fülle.

Und wenn dann jeder von uns sich selbst und dem Nächsten gegenüber Verständnis und Liebe walten läßt, wird allmählich ein Strom von Liebe die Menschheit erfüllen.

Dann wird unsere Welt zur göttlichen Ordnung zurückfinden und wir werden eine Gemeinschaft sein. Was wir für Traum oder Utopie halten, wird dann Wirklichkeit, wenn die Liebe in uns und mit uns ist und wirkt.

Ihre Barbara Spachtholz

Literaturverzeichnis

Angerer, J. H.: Kosmologie. Verlag Institut für angewandte Kosmologie, Augsburg

Davis, R. E.: Meditation als Lebenshilfe. Moderne Verlagsgesellschaft, München

Goldsmith, J. S.: Der Donner der Stille. Heinrich Schwab Verlag, Argenbühl-Eglofstal

Goldsmith, J. S.: Die Kunst der geistigen Heilung. Heinrich Schwab Verlag, Argenbühl-Eglofstal

Goldsmith, J. S.: Die Kunst der Meditation. Heinrich Schwab Verlag, Argenbühl-Eglofstal

Hornung, E.: Der Weg zur Selbstentfaltung. Heinrich Schwab Verlag, Argenbühl-Eglofstal

Schmidt, K. O.: Neue Lebensschule. Bauer Verlag, Freiburg

Spachtholz, B.: Atemtraining für jedermann. Heinrich Schwab Verlag, Argenbühl-Eglofstal

Spachtholz, B.: Yoga für jedermann. Moderne Verlagsgesellschaft, München

Spachtholz, B.: Kraft tanken. Moderne Verlagsgesellschaft, München

Verlag Universelles Leben: Der innere Weg. Verlag Universelles Leben, Würzburg

Verlag Universelles Leben: Ewige Weisheiten. Verlag Universelles Leben, Würzburg

Zeitschrift: Der weiße Lotus. Hirthammer Verlag, München

Folgende Toncassetten-Programme von Barbara Spachtholz sind im Programm der Modernen Verlagsgesellschaft erschienen:

Alpha-Training für jedermann
Die universelle Methode zu
mehr Glück und Erfolg
ISBN 3–478–06420–1

Wirbelsäulengymnastik für jedermann
Vorbeugen – Wissen – Handeln
ISBN 3–478–06430–9

Yoga-Gymnastik für jedermann
Vom sinnvollen Wechsel der
Spannung und Entspannung
ISBN 3–478–06440–6

Yoga für jedermann
Erwecken der Lebenskraft
ISBN 3–478–06450–3

Autogenes Training für jedermann
Die Basis für körperlich-seelische
Gesundheit
ISBN 3–478–06460–0

Meditationspraxis für jedermann
Die Brücke zum Selbst
ISBN 3–478–06470–8

Kraft tanken
Durch Atem- und Bewußtseinstraining die Gesundheit von
Körper und Seele erhalten
ISBN 3–478–08707–4

Die Cassetten aller hier aufgeführten Programme wurden von Frau Spachtholz selbst besprochen.